U0856692

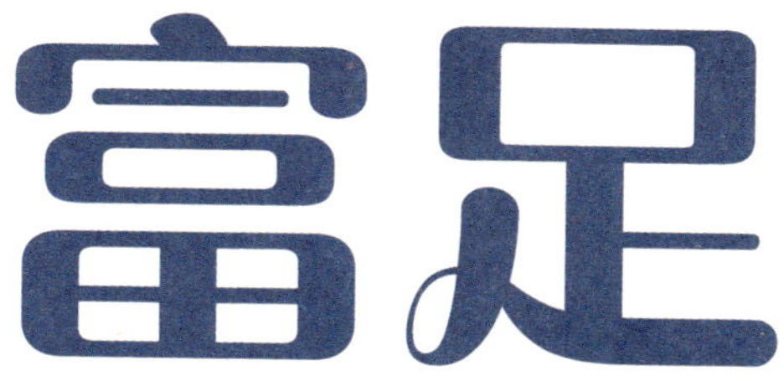

成事的30个秘密

朱玲——著

图书在版编目（CIP）数据

富足心法 : 成事的30个秘密 / 朱玲著. -- 南京 : 江苏凤凰文艺出版社, 2024. 11. -- ISBN 978-7-5594-8999-9

Ⅰ. B848.4-49

中国国家版本馆CIP数据核字第2024WJ6084号

富足心法：成事的30个秘密

朱玲 著

责任编辑 周颖若
特约编辑 范 娟
封面设计 永有熊
出版发行 江苏凤凰文艺出版社
南京市中央路165号，邮编：210009
网 址 http://www.jswenyi.com
印 刷 三河市嘉科万达彩色印刷有限公司
开 本 880mm×1230mm 1/32
印 张 8.75
字 数 159千字
版 次 2024年11月第1版
印 次 2024年11月第1次印刷
书 号 ISBN 978-7-5594-8999-9
定 价 69.80元

自 序

PREFACE

亲爱的读者朋友：

你好，见字如面。

很高兴和你聊一聊这本书的起源。

2022 年 7 月 20 日，我们一家四口开启了环游中国之旅，我和先生一边旅行一边办公，过上了很多人羡慕的理想生活。

在这个过程中，我带了一批学员，我想要深度成就他们，但我发现他们总是会遇到一个瓶颈，那就是明明设定了目标，明明给到了具体的方法，但就是达不到理想的效果。

这就像，你喊了很多年的减肥口号，但就是瘦不下去；

这就像，你想来一场说走就走的旅行，但就是找不到机会；

这就像，你心里有万般美好画面，但就是无法在现实中描绘。

古人云：随心所欲，不逾矩。如果真的能够随着自己的内心所想，一一去实现它，这样的人生是完满的，是成功的。

于是，我带着学员开始了追求成功的探索之旅，如果你也想找到自己的人生航向，实现自己的人生意义，那就一起往下看吧！

这里我想要郑重地介绍下我自己，以增加你对这本书的信任。你只有相信我，才会相信书中的文字，才有可能去使用书中的方法，从而实现自我的改变。

我在把心中所想变成现实这件事上，曾多次取得了成功：

小学五年级时，我想考取当地初中最好的少年班，经过三个月的奋战，考上了！

高一下学期，我在心里种下了要学习心理学的种子，高考填报志愿时，所有学校的第一志愿全部填了心理学，最终我成功被华东师范大学心理学专业录取。

大学三年级时，我想要继续深入学习发展与教育心理学，结果保研成功，跟随了我最爱的研究生导师李晓文教授学习。

研究生毕业时，我想要从事教育工作，陪伴孩子们成长，结果我拼尽全力进入当时行业前三的好未来教育集团。

在 10 年的教学生涯中，我一边一线授课，一边带领团队拿到连续 10 年业绩全国第一的好成绩。

在我的孩子出生后，我想要换一种人生活法，去实现儿时的梦想，我和家人一起开启了环游中国之旅。

此时的我，完全活出了自己内心最想要过的生活，这种生命状态是一种全然自由的状态，身心轻盈，幸福自在。你想要达到这样的状态吗？

我自己做到了，才会觉得有资格来分享，同时加上我18年的心理学背景和12年的一线教学经历，我很有信心教会你。为此，我提炼出了一个黄金模型，能够让你系统地来设定程序，逐步把美好变成现实。

▲ 图1 黄金模型

首先，我们需要清晰自己的人生航向，没有人生航向的人，就如同一艘随波逐流的小船，没有力量去和风雨抗衡，也无法达到幸福的彼岸。在第一章中，我会带你解决“我要去哪里”的问题，我会详细说明人生航向的重要性，也会给出三个工具帮助你从不同角度探寻自己的方向。

其次，当你有了人生航向后，就需要落到具体的目标上来，朝着自己的方向前进。比如你的人生航向是环游世界，那么具体的目标可以落到先攒到多少钱，再开始去哪些国家旅行。人生航向是一个大方向，目标是朝着它前进的一个一个的里程碑，树立目标可以让你扎扎实实地向前走。因为实现梦想不可能一步就到位，一定是需要过程的。而如何把目标系统地搭建好，是至关重要的。第二章将会从不同的维度帮助你梳理目标。

再次，目标系统搭建完毕后，是否就要立马行动呢？最好是这样。可是很多人无法行动起来，为什么呢？因为大脑中还存在一些阻碍他前进的信念，我们叫它“阻力信念”。同时，大脑中也缺乏动力信念，没有想明白做这件事的真正意义和价值所在。当动力信念大于阻力信念时，你会突破阻碍，快速行动；而当阻力信念大于动力信念时，你就很难迈开手脚了。在第三章和第四章，我会带领你觉察自己的信念，让它们助力你的成功。

然后，信念解决后，你就已经信心满满、蠢蠢欲动了，那就乘胜追击、开始行动吧！在这里有人会说，我没有做过，我需要先去准备，等我准备好了再开始。这其实是错误的想法。因为想都是问题，做才是答案。过分的准备，只会让自己待在原地不动。不敢做，怎么办？去做。不敢表达，怎么办？去表达。不敢表白，怎么办？去表白。与其坐而想之，不如起而行之。在第五章，我会就行动本身给你分享加速行动力的方法。

最后，做的过程如果发现自己确实有一些能力没有到位，比如你想去参加游泳比赛，已经报名了，但还不会游，怎么办呢？那就赶紧找个教练突击学习。踏踏实实地学习，增加自己的知识储备，提高自己的能力，是解决一切问题的关键。在最后一章，我会把通用的能力提升路径分享给你，助力你抵达成功的最后一公里。

准备好了吗？我们这艘大船即将启航，欢迎你，船长，你的蜕变之旅即将开启！

朱玲

目录

CONTENTS

第一章 人生航向篇

第二章 目标篇

第三章 动力信念篇

第四章 阻力信念篇

第五章 行动篇

第六章 能力篇

第一章

人生航向篇

第 1 篇

人生航向，
点亮人生的灯塔

“请你告诉我，我该走哪条路？”爱丽丝说。

“那要看你想去哪里？”猫说。

“去哪儿无所谓。”

“那么走哪条路也就无所谓了。”

——《爱丽丝漫游奇境记》

我们生活在一个信息爆炸的时代，能够听到各种纷繁复杂的声音，看到各种缤彩纷呈的人生活法，这些都让我们眼花缭乱。当我们还在学生时代时，选择是非常清晰明了的，最优先的事项也很明确，那就是好好学习、考入一所好学校。作为一名创业导师，我经常会被学员追着问：“老师，我做这个好不好？”“老师，我可以做那个吗？”……每当遇到这类问题时，我总想把爱丽丝的这段话送给他。选择没有好坏，只需看是否符合你的人生航向。但可惜的是，很多人没有自己的人生航向，没有一个贯穿始终的人生方向，目标经常变换，常常是做什么都可以，所以就很难有所成就。

对于个人来说，你需要先找到你的定海神针——人生航向。没有人生航向，你就会像一叶扁舟随波逐流，听从命运的安排或者盲从他人。而当你有了人生航向，你就有了一座灯塔，它能够照耀你前进的道路，它能调动起你内心最深处的渴望，即便遭遇风雨，即便惊涛骇浪，你依然能内心笃定，砥砺前行。

对于一群人来说，人生航向同样是聚集众人的灯塔。马克·扎克伯格在哈佛大学的毕业典礼上曾明确地说道，我们这一代的努力能否连接更多人、更多力量，能否把握住最大的机会，关键都在于：如何搭建社群，创造出一个人人都有使命感的世界。

人生航向：带你创造生命的意义

人生本是“空”性的，穷其一生，最终莫不是归于了了。然而，人生的精彩却在于，我们每一个人都可以自由地创造意义。当你找到自己的人生航向时，意义便产生了，它能让你找到坚持的理由和动力，也会为你提供提升自我、克服障碍和发挥潜力的理由。

《活出生命的意义》的作者弗兰克尔虽然身处地狱般的纳粹集中营，却创造了伟大的心理学治疗流派——意义疗法。当他看到每一天都有人倒下，每一天自己都处于对死亡的恐惧中时，他问自己，如果这一辈子就在集中营里，再也无法出去，该如何度过呢？

他为什么会问这个问题呢？因为当时集中营有一些人，坚定地相信自己在圣诞节就会被放出去，可是圣诞节来了，他们并没有被放出去，这些人的希望逐渐破灭，有人倒在了圣诞节当天。希望会给人信心、勇气，但如果希望破灭，陷入绝望的境地，又该怎么办呢？

最终，他发现，即便身处绝境之中，我们依然有选择自由的权利，那就是自己如何看待发生的事件，自己如何去应对发生的事件。虽然在集中营里，依然可以选择善良地对待周围的人，当有人被毒打时，给予他拥抱，当有人亲人被迫害离世时，给予他安慰。**即便身在地狱，依然可以选择做一位天使。**正是这段经历，让他创造了意义疗法。

那么，身处和平年代的我们，又该如何创造自己人生的意义呢？

有一位妈妈——茉莉，她非常优秀，事业有成，家庭美满，然而她却极不自信。小时候，她的爸爸非常严格，每当她有一点做得不够好时，就会毒打她。当她长大后，她的心里非常矛盾，一方面恨自己的父母不够爱自己，一方面又期待得到父母的认可。她就在这样矛盾的状态下，一方面讨好父母，一方面却又想要逃离。

当她发现自己的人生航向是自我觉醒时，她恍然大悟，原来过往的伤痛经历是上天赐予的礼物，让她走上自我觉醒的道路，这就是她的人生使命。正因为她曾经有过这样深刻的经历，铸就了她坚强的内心，也让她迫切地希望去帮助更多的人。于是她开始创作自我觉醒的书籍，创办女性觉醒的社群，她帮助了一个又一个女性从原生家庭中觉醒，从外界的期待中觉醒。

意义是什么呢？是你如何去解读一件事，是你如何看待一段经历在你人生发展历程中的作用。当你用人生航向的视角去看待它时，你就不会局限在当下的认知里，你会看得更加长远，**你会发现一切并非冲你而来，一切为你而来。**

伤痛，是光照进来的地方。

人生航向：让你明确身份，专注内心的渴望

了解自己是谁，才能获得真知。

大名鼎鼎的漫画家蔡志忠先生，15 岁便成为职业漫画家，他拍摄了《老夫子》《乌龙院》等长篇动画电影，100 多部漫画作品在 30 多个国家出版，销量超过了 5000 万册，非常了不起。当记者采访他是什么时候决定画画时，他的答案出乎大家的意料，他说他是四岁半时决定画画的。蔡志忠先生说，每个人都可以用一把刷子混饭吃，关键是要尽早找到这把刷子。**人没有梦想就像蝴蝶没有翅膀。有所成就的唯一方法就是尽早从梦中醒来，你无法叫醒一个装睡的人，不要妄想什么都不做就等着天上掉馅饼。**

当你探寻自己的人生航向时，就是在寻找自己的身份。三百六十行，行行出状元。当你认定一个身份，心无旁骛地去追逐时，你的内心是十分丰富的，整个人也是特别安定的。因为你知道，那是你的一生所求，与他人无关。当你带着这样的心态投入进去，专注奔赴自己的人生航向，反而能影响和帮助更多的人，因为榜样的力量是巨大的。

人生最大的善，是活出自己最大的可能性，并给他人带来信心、勇气和希望。

如果你发现自己很容易被外界影响，今天想干这个，明天想试那个，今天羡慕别人这个点，明天希望自己那个地方也很行，那说明，你还不够清晰自己的人生航向。你需要继续去寻找，找到打开自己这个宝库的钥匙，越早找到这把钥匙，你就能越早实现自我的价值。

人生航向：召唤他人，吸引同频的人

一个人可以走得很快，但一群人走得更远。当你找到自己的人生航向时，就可以大声地向全世界宣布，邀请同频的人一起前行。

六十多年前，马丁·路德·金曾发表旷世演讲《我有一个梦想》，召唤了无数人。《趁早》一书的作者王潇说，人生改变要趁早，她发起的趁早行动在社群里得到了广泛的流传。

人生航向就是你人生的大志向，它具有超强的能量，不仅指引你前进，也可以辐射出去，吸引到有同样志向的人。人生航向就像一股巨大的力量，把和你同频的人紧紧地吸了过来，让你们的心靠得更近。当你有了同行的人后，你会欣喜万分，就像在旅途中遇到同频的旅行爱好者一样，你们有聊不完的话题，有共同探索的活动，有“1+1>2”的思维碰撞。

你已经知晓了人生航向的重要性。如果你已经找到了它，那要恭喜你，为你庆祝！同时我也邀请你一起踏入下面的旅程，给自己按下确认键。如果你还没有找到它，也不要着急，我会通过三个重要的工具来帮助你理清方向，它们分别是生命意图、平衡轮和断舍离。

第 2 篇

生命意图测试，探索你最原始的动力

当一个人知道自己为什么而活，就可以忍受任何一种生活。

—— 尼采

美佳是一位创业七年的女性，非常努力拼搏，常常加班到半夜，对另一半的要求也不放松。但长期这样的生活让她内心十分焦虑和疲惫，一点也感受不到快乐。心事重重的她找到了我，我针对她的情况，开了一剂良药——生命意图测试。通过这个测试，她就像在沙漠里找到了水源，找到了自己内心最渴望的生命状态——自在。于是她调整了工作安排，花更多的时间在自己和家人身上。一个月后，她的脸上洋溢着满满的幸福，就像吃了蜂蜜一样甜，由内而外散发着光芒。那你一定很好奇生命意图测试是什么？

生命意图测试，是探索人生航向的重要工具，能够探索你内心最深处的渴望，触达你内心最想要抵达的地方。没有什么比这个更能让你心动，更能激发起你的斗志。**它会从工作、关系、精神、身体、成功、失败、能力和环境八个维度来深度挖掘你。**

电影《肖申克的救赎》主人公安迪就是那种清晰自己生命意图的人，他始终知道自己要的是什么。最初看《肖申克的救赎》，我是带着好奇心和窥探欲来看的，看完后，我惊叹地发现它之所以能引起这么多人的共鸣，是因为监狱是一个巨大的隐喻。**任何一个你不喜欢又离不开的地方，就是监狱；任何一种你不喜欢又摆脱不了的生活，就是监狱。**有多少人一辈子困在不喜欢的工作里，每天上班都感到身心疲惫；有多少人一辈子困在糟心的情感里，做着彼此的差评师；有多少人一辈子困在早已厌倦的小地方，羡慕地看着别人去闯荡……当感到心灵痛苦，灵魂也不自由，你会怎么办呢？有的人是安迪，积蓄力量准备越狱；有的人是老布，渐渐麻木，渐渐活成了自己最讨厌的模样。

每一个身在牢笼但心存希望的人，都会喜欢这部电影。因为它会陪着你度过生命中无数个黑暗甚至绝望的日子。肖申克监狱里面的囚犯，是现实社会的众生相。要救赎的，不光是肖申克，也是每一个希望泅渡彼岸的你我。

如何寻找生命意图

现在，请你准备好一张白纸、一支笔，找一个安静的空间、一段独处的时间，时间预计 15 分钟。当你看到问题时，凭借第一反应，脑子里最先冒出来的是什么词语，就记录下来。每个问题回答三个词，名词、动词、形容词均可。

表 1-1 生命意图表

问题	回答
①说到工作的时候，在脑海里默念“工作、工作、工作”，你会想到哪三个词语?	
②说到关系，关系是一个很泛指的词语，默念“关系、关系、关系”，你会想到哪三个词语?	

续表

问题	回答
③在精神层面上，你想让未来的孩子们具备什么样的精神呢？	
④身体，伴随着我们出生到现在，而且伴随着我们的一生，如果身体是你的一个伙伴，它会告诉你什么？	
①～④问题中的 12 个词语，从每一组答案的三个中挑选出一个，共选出 4 个词语	
⑤在过去的成就里，你最有印象的成就教会了你什么？	
⑥从过去的失败当中，你学会了什么？是什么让你成为今天的自己？	
⑦假如现在你的面前有几千个学生，你会教育这些学生要学会什么样的技能呢？	
⑧环境，有很小的环境，有很大的环境，如果环境是一位老师的话，这位老师教会了你什么？	

续表

问题	回答
⑤ ~ ⑧问题中的 12 个词语，从每一组答案的三个中挑选出一个，共选出 4 个词语	
从挑选出来的 8 个词语中，选出 3 个你喜欢的词语	
从选出来的三个词语中，选出一个你最有感觉、最不愿意放弃的，它就是你的生命意图	

现在，我们去想象这个词语，是否有一个画面出现在你的脑海里？画面是怎样的？尝试着把场景描绘出来！

如何使用生命意图

我们该怎样运用生命意图来指导自己的生活呢？我先来讲个故事。

有一个女孩去海边游泳，幸运的是，她遇到了一只绿海龟，她非常好奇这只海龟，就跟着绿海龟游向大海深处。可是没游多久，女孩就跟不上绿海龟，给跟丢了。第二天，女孩来到海边，再次遇到了绿海龟，这次她使出浑身的力气，依然被绿海龟甩得远远的。说来真是神奇，第三天，女孩又遇见了绿海龟。这次她决定不去追赶，而是沉到水下去看绿海龟到底是怎么划水的。她惊讶地发现，当海水涌向深海方向的时候，绿海龟就会抓紧划水，当海水涌向岸边方向的时候，绿海龟就不划了，索性任由自己漂浮在海面上。那一刻，她恍然大悟，为什么绿海龟可以游那么快，原来它完全不和海水对抗，一直在借助海水的力量啊。

我第一次读到这个故事的时候，内心是非常触动的。故事里的海水是什么呢？就是我们的生命意图，顺着生命意图做事，你会高效愉悦，一点也不觉得累，但如果逆着生命意图而行，那么就会耗费精力，寸步难行。

现在邀请你，把自己生活中的事做个分类。

第一类：顺应生命意图的事，多做，坚持做，每天做。如果没有，那就去创造，让这类事越来越多。你前进的速度会越来越快。

第二类：逆着生命意图的事，坚决不要做，赶紧停下来。如果短时间内停不下来，那也要有意识地去减少它的比重，就像在高速路上踩刹车一样，让偏离方向的事越来越少。

第三类：与生命意图无关的事，根据它的功能，自己处理，

逐步减少。

做完分类后，你会对自己当下的情况更加清晰，也会更有力量朝着生命意图的方向，专注聚焦，持续精进。

这就是生命意图的魅力，你在做任何事情之前，一定要明确自己的生命意图。因为一旦你清晰自己的生命意图，就会像一艘火箭，燃烧自己的生命热情，朝着广袤无垠的外太空全速前进！

第 3 篇

平衡轮，助你开出生命之花

人生就像骑自行车，要保持平衡，就必须前进。

——爱因斯坦

我有一个学员小木头，她家庭很和睦，老公孩子很爱她，公公婆婆也很支持她。她的事业做得如火如荼，有给力的团队和源源不断的学员，大家都很羡慕她。有一次她却向我表达对于别人羡慕她的点，她丝毫高兴不起来。于是，我带领她画了一个平衡轮，在平衡轮画出来的那一刻，她看到了自己的问题所在。原来，她忽略了自己的健康，身体常常处于疲惫的状态里。这就是平衡轮的神奇功效，通过将内心的想法视觉化和量化，让你更加清晰全面地认识自己。

▲ 图 1-1 小木头的平衡轮

平衡轮是寻找人生航向的第二个重要工具。它是将一个圆平均分成若干等份（一般分成八等份），然后将自己生命中重要的内容填进去，以帮助自己清晰现状，觉察到平时忽略的部分，找出希望改变的内容，然后制定计划，采取行动。

可口可乐前首席执行官布莱恩·戴森在某大学毕业典礼中说了一段话："想象生活是一场比赛，你必须同时丢接五个球，这五个球分别是：工作、家庭、健康、朋友以及精神生活，然而你不可以让任何一个球落地。你很快就会发现工作是一个橡皮球，如果它掉下来，它会再弹回去，而其他四个球：家庭、健康、朋友以及精神生活是玻璃制的，如果你让这四个球其中任何一个落下来，它们会磨损、受损，甚至会粉碎，而一旦落下，它们将不再和以前一样。"

我们都希望自己的生活的各个方面都是美好的，工作是有成果的，家庭是美满的，身体是健康的，内心是平和喜悦的……如果只在一个领域做得很好，其他方面却一塌糊涂，幸福感也会降低。一个工作狂，事业上取得了不错的成绩，可是健康不行，也没有时间陪伴家人，这样的人生你想要吗？肯定不想要。一个全职宝妈，和家人的关系很好，把孩子照顾得很好，可是没有自己的工作，内心也会极度缺乏安全感，担心先生嫌弃自己，担心自己被社会抛弃，这样的人生你想要吗？你肯定不想要。

一位叫布洛尼·瓦尔的临终关怀护士，记录了一些患者临终之前的遗憾，其中，最常见的一条就是"我希望我当年没那么努力"。所有她护理的男性，临终前都后悔自己把大多数时间消耗在工作上，忽略了孩子和伴侣。在《高效能人生：平衡的法则》一书中，作者迈克尔·海亚特说："工作就像水，是我们生活的必需品，但同样的，如果不对它加以约束，它会泛滥到任何地方，淹没你的生活。"

我们每个人都想把自己在意的方方面面都照顾到，都修炼好，这样的人生才是平衡发展的，才是舒适的。我们需要的是对人生进行整体规划，或者说对自己的人生保持全局的视野，做到未雨绸缪。平衡轮就可以起到这样的作用，带领我们看到生活的不同侧面。

平衡轮，是基于舒伯的生涯发展理论演化出来的教练工具。通过舒伯的"生涯彩虹图"，我们知道人生的不同阶段，会有不同的角色，承担不同的任务。在幼年期，你会有子女和学生的角色；到了中年，你会有父母、子女、员工、学习者等角色；到了老年，你会有爷爷、奶奶、退休人员等角色。

对于一个成年人来说，我们通常会关注八个维度的事项，它们分别是：职业发展、财务状况、身心健康、家庭生活、休闲娱乐、人际交往、个人成长、自我实现。把这八个事项放在一个圆的八个扇形区域里，就形成了审视人生全局的平衡轮。

下面，我给你介绍这八个维度事项的具体含义。

表 1-2　八个维度事项的含义

项目	内容
职业发展	职业、事业发展的现实目标和未来方向
财务状况	主动收入、被动收入、投资理财、消费支出等与金钱有关的方面
身心健康	运动、饮食、睡眠等个人身心健康方面
家庭生活	与父母、配偶、孩子的关系管理
休闲娱乐	个人兴趣爱好、娱乐放松等
人际交往	亲朋好友、事业同盟、师生关系等人际互动
个人成长	知识、能力、眼界、内在成长等
自我实现	发挥自己的天赋优势，对社会的贡献成就等

平衡轮三步法

第一步：挑选八个维度

首先，在白纸上画一个大大的圆圈，在其中写一个“米”字，把这个圆分成八份。接着，结合自身实际，思考自己生活中最重要的方面，比如我的是健康、事业、财富、家庭、写作、旅行、学习、娱乐。如果你一开始想不到八个方面，你可以参考下面的表格，补充上来，实在没有要补充的也没关系。这几个方面非常重要，一定要慎重选择。

表 1-3 生活中的重要事项

健康营养	事业发展	家庭幸福	人脉资源
财富提升	娱乐休闲	自我成长	价值实现
情绪状态	兴趣爱好	社会贡献	慈善公益
子女教育	形象管理	灵魂修炼	良师益友
体育运动	能力培养	创意创新	自由空间
榜样人物	自我悦纳	爱与陪伴	专业深耕

第二步：评估现状

当你填写完八个事项后，紧接着进行评分，对每个事项按 0 ～ 10 打分，看看对应的事项，目前自己能够到几分，再按照下图的方式，涂成不同的色块。你可以俯视自己的生活全貌，哪些方面已经很满意，哪些方面的分数不高。

▲ 图 1-2　笑笑的平衡轮

这是我的一位私教学员笑笑的平衡轮，在没有画之前，对于未来一年的规划，她说得乱七八糟，还全是些芝麻小事。当画完后，她不仅发现自己的愿景很丰盛，而且更加清晰了自己未来一年的重点大事。

第三步：规划未来

对于每个事项板块，你在未来一年内，希望达到多少分？

已经满意的可以保持分数不变，还需要提升的，可以打出更高的分数。这时候平衡轮上就显示出你现在的状态和未来的状态。具体从哪个板块开始行动呢？可以有以下三个突破口：

（1）现在打分最低的板块

因为分数低，说明你投入的时间精力不够，提升的空间很大，从这个板块入手，很容易取得成果。

（2）现在和未来提升分数最高的板块

这个板块是你希望自己提升最大的地方，既然如此，可以从这个板块入手。

（3）杠杆性板块

这个板块提升了，可以带动其他几个板块的提高，比如健康、财富等。

欧阳是一位独立创业者。他之前有很长一段时间待在家，每天陪伴家人孩子，幸福感下降，做什么事都提不起劲来。经过和他的深度沟通，他认真地画出了自己当下的人生平衡轮。

▲ 图 1-3　欧阳的平衡轮

这个平衡轮上清晰地显示出了他内心不愿意面对的现实。由于客观原因，他的事业发展停滞了，成就感下降，内心也变得不安。画完平衡轮后，他决心直面问题，因为事业板块是杠杆领域，只有事业做好了，财富才能顺利，其他方面才能安心。于是他积极去探索事业的转型。一个月后，他成功地把原本线下的业务转型到了线上，对未来的事业也充满了斗志。

平衡不是对半分，使分到各个领域的时间都一样，而是可以自由调配比例的。每个人一定会有自己人生的侧重点，有人侧重工作，有人侧重家庭，还有人侧重个人成长……你可以根据自己的情况，给每个领域分配不同的比例，侧重多的就投入更多的时间和精力，侧重少的就投入少一些。这个比例是逐步调试出来的，就像做菜的时候，每个人放入油盐酱醋的量都是不一样的，每个人的口味也是不一样的，没有标准答案。

平衡也不是静止的，而是在动态中实现的一种状态。拿骑自行车举例，当车子不动，你骑上去是会摔倒的，当你动起来了，你在向前骑，反而达到了平衡的状态。所以，不要在静态的时候去想如何平衡的事，也不要只在脑子里想，而要去做。去工作，去陪伴家人，去照顾自己，去锻炼身体……总之，去行动，在行动的过程中，你会找到那个让你舒适的平衡点。

一个小小的平衡轮就可以清晰全面地展示你的现状与问题突破口。当你感受到不幸福、感觉情绪低落的时候，可以画一个平衡轮；当你的目标不清晰的时候，可以画一个平衡轮；当你做阶段性复盘的时候，也可以画一个平衡轮。作为人生航向的三大工具之一，平衡轮会帮助你平稳地走向自己的灯塔。

第 4 篇

断舍离，让你更聚焦

头脑复杂的人，则对简洁有着特殊的心理需求。

——《天道》

一位朋友最近感到很痛苦，跟我倾诉心事，说有一位知名大咖向她抛来橄榄枝，寻求合作。受宠若惊的她一开始很开心，但看了合作细节后发现这并不是她想要的。她不知道该怎样处理，担心拒绝大咖会失去好的机会，也害怕会因拒绝而得罪对方。听了她的心事，我告诉了她我的做法。

在近几年，我已经多次拒绝了大咖的邀约，现在过得也很好。我一直在向自己的人生航向前进，内心的力量也因此越来越强大。我之所以能够做到坚持自己，是因为我时刻做断舍离，给自己的人生做减法。**知道自己能做什么很重要，但知道自己不能做什么，有时候更重要。**这里就要跟大家介绍人生航向中的第三个重要工具——断舍离。

断舍离是由日本杂物管理咨询师山下英子提出的人生整理观念，也是风靡全球的极简生活哲学。“断”是指断绝想要进入自己家的不需要的东西；“舍”是指舍弃家里到处泛滥的破烂；“离”是指脱离对物品的执念，让自己处于游刃有余的自在空间。

通过不断重复“断”和“舍”，最后会到达“离”的状态。

断舍离是一种动禅，透过整理物品，从而整理自己的内心世界。当你践行断舍离后，你会发现，断舍离的不仅仅是物品，还有关系、欲望、杂念等。

一位知名户外徒步博主曾经出过一期视频，讲述自己徒步前的奢靡生活，她买了几柜子的衣服，满墙的包包鞋子，可是却过得很不开心，常常需要买醉来麻痹自己。后来，她开始户外徒步，爱上了在野外的生活：鸟儿婉转的叫声在耳边回荡，高耸入云的雪山连绵不绝，在寒冷的冬天她鼓起勇气跳入波光粼粼的湖水中，她的心一点点清澈起来。于是她扔掉或者捐掉了自己百分之九十的物品，几年都没再买过衣服，也不再浓妆艳抹。这时她的脸上却总是洋溢着孩子般的笑容，是那么迷人。当一个人找到自己的真正所爱，就不会需要那么多的物品去填充内心，其实你需要的不多，往往一个背包或一个行李箱就够了。

在我在环游中国的路上，我越发觉得，支撑我们日常生活的物品并不需要很多。两三套衣服，一个笔记本电脑，一部手机和一个直播支架，再加一支口红，于我而言，这就够了。

断舍离可以给我们带来如此多的好处，但践行起来依旧很有难度，那么阻碍我们走上舒适自由道路的是什么呢？

（1）集体潜意识

自然法则讲究优胜劣汰，讲究适者生存，在进化的过程中，我们不自觉地形成了一个信念：多多益善，要有更多的食物、更多的财富、更多的权利、更多的选择……多多益善像一个魔咒一般套在了每个人的头上。事实上，东西真的越多越好吗？答案是：并非如此。

（2）消费主义

随着电视、网络的发展，铺天盖地的广告向我们席卷而来。商家为了让消费者购买商品，拍摄了各种各样的广告来宣扬一种理念：拥有的物品越多，就会越幸福。

一个香水广告一定是这样拍的：一位美丽的女士喷了一

下香水，这时候走来了一位帅气的男士，两人在一起跳舞，幸福美好。广告的言外之意就是，你买了这瓶香水，你也会拥有一位向你而来的白马王子。然而，事实真的是这样吗？香水用了很多瓶，陪伴在身边的只是更多的空瓶子！回想每一次你的疯狂“剁手”，虽然可以为你带来一时的快感，但没过多久，快乐就消失殆尽。物质并不能提供持续的情绪价值。相反，当我们拥有了太多的物质后，反而会让我们迷失，不断消耗自己。

心理学里有一个有意思的实验，叫胡萝卜实验，是由美国佛罗里达州立大学的心理学家罗伊·鲍迈斯特进行的。研究人员是这样做的。

第一组被试：面前放着胡萝卜和巧克力饼干，可以随意吃。

第二组被试：面前放着胡萝卜和巧克力饼干，但只能吃胡萝卜。

15 分钟后，给两组学生同样的谜题来解，只能吃胡萝卜的第二组被试平均坚持了 8 分钟就放弃了解题，而任意吃的第一组被试却坚持了 16 分钟。这是为什么呢？

因为第二组被试需要抵抗巧克力饼干的诱惑，这会消耗他们的意志力，从而在应对数学难题时，坚持思考的时间就短了。

这个实验告诉我们，并不是你拥有的越多就会越好。如果你每天早上起床就开始纠结穿哪件衣服、背哪个包包，你的意志力就在消耗了。当你面对各种各样的选择时，你要去做决策，你的意志力就会消耗。那些不需要的人、事、物，都在悄悄地消耗你。

（3）没有做自己真正想做的事

当你没有做自己想做的事时，内心就会产生空虚感，而为了弥补这种空虚感，你会去疯狂地购物，拼命地刷视频，去找无关紧要的事来做。但不幸的是，当你买得越多，做的事越杂，你会更加迷茫，产生更多的不满，从而导致留给自己真正想做的事的时间更少了。所以，**在自己越是忙碌的时候，越要停下来，做断舍离；在自己越是疲于应付的时候，越要停下来，做断舍离。**

助力你断舍离的三大底层信念

断舍离有五个层次，我们首先从断舍离物品开始，逐步提高自己的功力。在出发之前，我要先分享三条可以助力你断舍离的底层信念。

第一条：我很贵，我比物品珍贵

子曰，君子不器。意思是君子不应把自己当成器皿，不应把自己当成工具，而是要以自己为重，发现自己的价值。物品是要为我们所用的，没用的东西不应该待在我们身边，那是一种消耗。

当你明白你比物品更珍贵，你就不会被物品牵着走，也不会为了囤积物品去买打折的东西，更不会纠结某个不用的东西到底是留下还是送人。

万物有灵，你最珍贵！

第二条：空间比物品更加重要

我们是在宽阔的空间还是狭窄的空间里感到更舒服呢？显然是宽阔的。

我有两位女性朋友都买了新的大房子，我发现自从她们买了新房后，她们和伴侣的相处完全不同了，心情好了太多，整个人的状态也特别好，为什么呢？因为空间大了！

如果家里都是物品，空间被物品挤压了，那么人活动的空间就少了。当人的空间少了，人自然就会感到压抑。所以，一定要把空间腾出来，让自己享受，不要被无用的物品占领。

第三条：物品不属于我，属于天地

当离开人世时，你会发现，你带不走任何东西，你能带走的只有自己的体验。万般带不走，唯有业随身。所有的物品，只不过是暂时在你手里，暂存一下而已。它们是天地间的存在，不属于任何人。

万物不为我所有，万物皆为我所用。人生重要的是体验，而非拥有。

当你把一件东西扔了后，它并不会消失，它可能会变化形式，变成其他物品。所以你把它扔掉时，不要有浪费的感觉，不要有愧疚感，你就把自己当成一个管道，这件物品流经你这里，然后流向其他地方。

杨绛先生曾说过："简朴的生活、高贵的灵魂，是人生的至高境界。"精神层次越高的人，越懂得丢掉一切多余的负担，追求简单的生活。为生活做减法，为生命做加法，断舍离会助力你过智慧人生。

断舍离的五个层次

该如何进行断舍离呢？可以从以下五个层次来逐步进行。

第一个层次：断舍离物品

放手一个无用之物，就腾出一点空间。处理一件多余之物，就减少一分负担。你会发现自己的生活物品其实非常充裕，有好多衣服，好多食物，好多书本……**以历史的眼光来看人和物，两者都是在某一个时点出现，又会在某一个时点消失，区别不过是时间的长短之分罢了。一个人与一件物品的相遇是极为短暂的、微弱的缘分。只要在拥有的时候尽力去珍惜爱护这种缘分，就对得起这场相遇。**

第二个层次：断舍离关系

有的物品承载着一段关系，这是好友送的娃娃，那是同事送的礼盒……有时候，我们不舍得断舍离的不是物品，而是那段关系。

我有一个狮子娃娃，是我的大学好友送的。我一直带着，搬了三次家，总是不舍得扔。第四次搬家的时候，我终于舍得扔掉它，彼时已经距离我和好友分开 12 年，那一刻我终于放下了，不再期待过去的关系还能依旧如初。我终于明白，人和人的缘分需要珍惜，白头并非雪可替，相逢已是上上签，极少数人能陪你走到最后。

我本以为人生最大的遗憾是所爱隔山海，山海不可平，后来才知道海有舟可渡，山有路可行，山海皆可平，难平是人心。即便是盛世长安三万里，不也处处写尽了遗憾吗？

随着我们不断地成长，大家在各自的领域里前进，不断有新人相遇相知，也有旧友脱落疏离。不再同行的关系，就此优雅地放手，人来人往，相濡以沫不如相忘于江湖。

第三个层次：断舍离欲望

人往往容易被无明的欲望蒙蔽双眼，不满足自己所拥有的，总想要更多，想要更多的房子，更好的车，更健美的身材……当我们沉沦在无尽的欲望中时，会焦虑不安，害怕失去，这是一种匮乏的心态。匮乏吸引匮乏，恶性循环。

在断舍离欲望时，你会看到哪些才是自己内心真正渴望的，哪些只是为了外界而去抓取的。用心去判断，不要人云亦云，每个人的生活都由自己做主，幸福与否也只有自己知道，所以你到底想要什么，只有你说了算。

第四个层次：断舍离恐惧

在面对要不要扔掉一件东西时，我们常常会想，后面有可能有一天会需要，比如一顶装饰帽，比如一条围巾。我们之所以留着它，是因为害怕有一天需要用的时候没有，所以就留了，其实平时根本用不着。你有没有这样的物品呢？

这种心理背后其实是一种恐惧。就算需要的时候没有，那又怎样呢？再买一个不行吗？换一个东西用不行吗？如果你惧怕不确定性，就会变得小心翼翼，就会活在焦虑之中。

当你果断扔掉一些其实不怎么用的东西时，就是在扔掉那种不确定性，让自己轻松起来，让自己直面未来！

第五个层次：断舍离旧的自我

生命的意义存在于死亡当中，正是有了死亡，生命才如此珍贵。放手是成年人必须掌握的一项技能，也是促进心智成熟不可或缺的手段。

你必须完全释放自我，甚至不惜一次次地把旧的自我完全打碎。当你放弃旧的自我时，就为新的自我腾出了空间。断舍离的那一刻，也在获得。

断舍离一段不滋养自己的关系，同时获得了一份自由的空间；断舍离忙碌辛苦劳作的工作模式，同时获得了轻松喜悦致富的可能性；断舍离依赖他人肯定的评价体系，也获得了内在自我评价的力量。

断舍离，是生活的一场修行，它并非简单地丢弃，而是在这一舍一留之间，一面舍弃冗余，让心灵挣脱物质的束缚，拥抱轻盈与自由；一面留存精华，在极简中领悟真正的珍贵，洞察生活的真谛，成就内心的平衡与富足。

做加法是一种聪明，做减法是一种智慧。断舍离就是这种智慧。愿你一层一层地践行断舍离，拥有拒绝外在纷纷扰扰的勇气，更加聚焦在自己的人生航向上，如愿抵达幸福的彼岸。

第二章

目标篇

第 5 篇

好目标
都是指向人生航向的

目标决定你将成为什么样的人。

——朱利叶斯·欧文

当你的人生航向确定后，你一定要学会制定一个一个具体的目标，就像马拉松比赛中，人生航向就是跑道指向的终点，明确了终点就明确了你努力的方向，而目标是你在奔跑过程中的一个个站点，不断地向补给站冲，实现目标，就有利于你抵达终点。目标是人生航向落地的抓手，目标是成功路上的重要因素，但它常常被人们忽略。

如果你的人生航向是要成为一名创造智慧、传播智慧的生命成长教练，那么目标可以是学习教练课程、开设修心课程、开直播传播智慧等；如果你的人生航向是要成为一名旅行作家，那么目标可以设定为旅行100个城市、环游世界、出版一本书、连续一年日更公众号等。相信你已经有了感觉，我再来举几个反例，加深你的理解。

如果你的人生航向是要环游世界，目标却是多赚一千万，那么这个目标就和人生航向不一致，你的幸福感自然就不高。如果你的人生航向是在大城市里扎根下来，目标却是佛系工作、佛系赚钱、佛系找伴侣，这也是目标跟人生航向不一致，最终容易出现难以令人满意的结果。

有人生航向的人生就像开车从新疆叶城去西藏拉萨，目标是中间一个个停靠站点，比如三十里营房、日土县、多玛乡等，路上刮风下雨，你不会停下来，偶尔有点剐蹭，你依然会前行，最终顺利到达目的地。而没有人生航向的话，你就不知道要开到哪里去，如果遇到下雨，就会在家躲雨，如果有了剐蹭，就去做个汽车维修，兜兜转转还在原地。

为什么要有目标？

目标可以为你指引前进的方向，遇到外界干扰时，让你依然保持清醒。我们常常会遇到干扰，好心的或者无意的干扰非常多。或许是看到了别人的成功，或许是自己的生活有突发情况，又或许只是今天的天气不合心意，这些干扰会阻碍我们前进的步伐。而有了目标，它会向你远远地招手，告诉你，快来吧，它会敞开怀抱拥抱你。

目标给你幸福，没有幸福的目标，痛苦便会乘虚而入

你有没有尝试过这样的一天，不给自己写安排，不给自己做计划，随波逐流过一天。试试看，这样的一天多么漫长，这样的一天多么痛苦。如果你经常处于没有目标的状态里，我敢保证，你一定会被情绪席卷，你的内心一定会升起杂念，你一定对未来的生活毫无信心。**厄尔·南丁格尔曾经这样写道：“幸福就是在不断进步中把一个有价值的愿望——或者说一个目标——变成现实。”**

所以说，目标可以救赎我们，让我们从混沌的苦海中脱离出来。哪怕这个目标非常俗气，比如结婚、买房、生孩子。哪怕它是多么的平凡，只要你有目标，你奔着目标而去，都会比无目标时的状态好上千万倍。

目标指向未来，带你创造属于自己的人生

过去只是过去，已经无法改变，再怎样回想过去都是无用的，我们能够改变的只有现在和未来。当你开始设置目标，你就是在改变自己的未来，创造自己头脑中的世界，把它变成现实。目标会带领你一步一步，朝着人生航向跑去。这是多么神奇啊！拥有目标的人，就像有了一支马良神笔，可以自由地画出想要的精彩。

为什么有的人不设定目标？

既然目标如此有价值，为什么还有人不去设定自己的目标呢？

第一个原因：认为制定目标不重要

大多数人都没有意识到制定目标的重要性。如果在你成长的家庭里没有人制定目标，你的朋友圈子里没有人谈论它，那么你很难把它当回事。制定目标和实现目标的能力是一种底层能力，具备这种能力会给你带来巨大的影响。

第二个原因：不知道怎么制定目标

很多人以为自己已经有了目标，但其实是一堆空想、一堆白日梦而已，比如我要更快乐，我要更有钱，我要好好过日子，等等。这些不是目标，这些是人人都会有的欲望。因为目标应该是明确的、具体的、可量化的。

在学校课程里，我们从未学习过如何制定自己的目标。因为我们从小到大，目标是统一的，就是考多少分数，它非常具体、明确。所以在走出校园后，我们感到迷茫了，因为再也没有像中高考那样具体的分数目标了。当步入工作之后，有的人或许在工作上会有业绩目标，但在生活等其他方面，大多数人却没有量化目标。所以很多人不知道该如何制定目标。

第三个原因：害怕失败，害怕压力

每个人都经历过失败，我们总是下决心以后要更加小心、更加努力，以避免失败。很多人甚至会因此降低预期、降低目标，这样其实是在耽误自己。职场上会有一个考核指标，即业绩完成率，这个指标看的不是完成的绝对数值，而是相对数值。我记得以前在年初制定工作目标的时候，有的部门负责人会为了完成率，刻意把目标降低，这样一年不用怎么努力，完成率也是很高的。这样的做法看起来很聪明，但自己和团队的成长就少了很多。因为目标低了，随便干干就达成了，无法激发自己太多的创造性。

很多人对目标有一个误区：觉得一定要完成才可以，如果完不成，就是不对的、不好的，这种观念其实是错误的。在职场的人容易有这个错觉，因为职场上领导会给你定目标，要求使命必达。

其实，目标是不用完成的，它是让你前进的，而且目标是你自己定的，没完成又怎么样呢？如果你的目标完不成，你就感到压力很大，觉得要么不做，要么就要做到最好，就会陷入完美主义的漩涡里，不敢去挑战自己，你的进步也会很缓慢。

第四个原因：害怕别人笑话

很多人担心自己定了目标，结果没能实现，会被别人说三道四、被笑话。如何解决这个问题呢？

你可以制定目标后不跟别人讲，只要别人不知道你的目标，也就无法笑话你了。

如果你希望别人不要笑话自己，那平时也要多注意，己所不欲勿施于人，你是否会在别人达不成目标的时候笑话对方呢？还是你会发自内心地去认可对方，去鼓励和帮助对方？如果你希望得到别人的肯定和鼓励，那么平时也要给予他人肯定和鼓励。

当你看完上述原因后，心里是否更加明白自己在设定目标上的阻力？你一定迫不及待地要制定目标了。别着急，在正式介绍如何制定目标之前，我要告诉你一个制定和实现目标的加速器。

写下来的目标更容易实现

博恩·崔西曾说过："如果你只给我 5 分钟，让我出一个主意帮助你获得更大的成功，我会跟你说，把你的目标写下来，制订实施计划，然后每天依此行事。"无独有偶，马克·麦考梅克在他的《哈佛学不到的经营策略》一书中提到了哈佛大学在 1979 ～ 1989 年间开展的一项研究也证明了这一观点。

1979 年，哈佛 MBA 的毕业生被问及这样的问题："你是否有明确的目标并把它写下来了？你是否已经制订好了计划来实现它？"结果，只有 3% 的毕业生做到了；13% 的人有目标却没写下来；其余 84% 的人除了打算离开学校以后好好过个暑假以外，什么目标也没有。

10 年以后，也就是 1989 年，研究人员又找到了当年那批毕业生。他们发现，当初那 13% 的制定了目标但是没有写下来的毕业生挣的钱，是那些没有目标的 84% 的人的两倍。而最惊人的是，当初那些目标明确，又将其写了下来的 3% 的毕业生，他们挣的钱平均是其余 97% 的人的 10 倍。这些毕业生之间唯一的区别，就在于他们当中的那 3% 的人毕业时的目标明确。

把目标写下来，这样一个简单的动作为何效果这么明显？

（1）对言行一致性的渴求

《影响力》一书中写道，人人都有保持言行一致的愿望。一个人一旦白纸黑字写下自己的目标，并且公开做出承诺的话，他就会面临内外两方面一致性的压力，不管是对内还是对外，他都会想尽办法调整自己的行为与自己的承诺保持一致。

（2）纸上有神

纸是一个非常神奇的介质，当你在纸上写下你的目标时，神奇的事件就会发生。而且，你写的不只是你的愿望，你还会写下实现它的方法和路径。

（3）给自己下一个心锚

当你郑重地写下目标，就相当于给自己下了一个心锚，不用再被各种各样的杂念牵着走，你会更加聚焦一个方向，让自己始终航行在正确的航道上。

如何把目标写下来？

首先，用现在时来写，就像你的目标已经完成一样。例如，不要写我每年将要赚多少钱，而是写我每年赚多少钱。这样做的原因是，我们的潜意识只能记录以现在时态表述的命令。

接着，写大大的字，贴在显眼的地方，它会时刻提醒你。字是有能量的，如果在家里贴一个“静”字，你的心很容易静下来；如果贴一个“舍”字，你会更注意取舍。参加线下工作坊时，细心观察的你一定会发现，教室里有一条横幅，上面写着“××培训”，这时，你的角色不自觉地就会调整到学生状态。

然后，把目标变成图片，图片更容易让人心生向往。如果你的目标是旅行，可以找一张旅行目的地的照片；如果你的目标是写书，可以找一张图书的照片。把目标变成图片，就是在激活自己的情感脑，让记忆更加深刻。而且图片也更容易激发人的欲望，这也是为什么我们去餐厅吃饭的时候，有图片的菜单更让人有下单的冲动。

最后，每天的计划里，都要藏着你的目标。做计划时，可以根据年目标、月目标，拆解到每日计划中。比如这个月的目标是写书 2 万字，那么日计划里就要看看自己是否在前进，把它写在本子上，完成一条删除一条。朝着目标前进的快感，会让你兴奋不已！

人生重要的不是所站的位置，而是所朝的方向，写下来的目标更容易实现。为了获得你从来没有得到过的东西，你就要成为从来没有成为过的人。人生是一场前所未有的旅程，让我们朝着目标快乐地扬帆起航！

第 6 篇

怎样制定目标才更有效

如果要获得成功，那么有两个条件是必须具备的，一个是目标的明确性，即清楚自己想要什么，另一个是实现目标的迫切愿望。

——拿破仑·希尔

要想拥有一个好的目标，一定要学会制定目标。

在我的成长、工作过程中，我一直是周围人公认的制定目标的高手。我也看到很多人制定了一个特别大的目标，因难以实现而放弃，也见过很多人因制定了自己不感兴趣的目标而无法坚持。那如何制定目标，才更有效呢？利用 SMART 原则制定目标，已经是比较普遍的共识了，但并不能满足当下大家制定目标的要求。这里我要给你提供一个制定目标的新方法：

制定目标三步骤，即设定目标数量、测试目标适宜度、排列目标顺序。接下来，我先告诉大家如何用三步骤来制定目标。

制定目标的三大步骤

第一步：类别数量，写下五个年度目标

当你有了人生航向后，你要做的事就是坚定地朝着它前进，既然如此，我们就可以以年为单位，逐步靠近它。古人云，一年之计在于春，春天是最适合做计划的时间。在这一年里，你要实现哪几个目标呢？个数控制在 1 ～ 5 个。为什么要控制个数？因为目标太多，人的精力就分散了，到最后反而容易一个也实现不了。所以我们可以先实现前五个，如果都实现了，可以再增加。

这五个是怎么找出来的，请你跟随我一起来探索。

首先，脑袋里想象你已经实现了人生航向的美好画面，你已经全然活出了自己的绽放状态。接着，列出那时候的你，正在做什么，内容可以涵盖以下几个方面：事业、财富、健康、人际关系、社会贡献、精神、环境、兴趣爱好等。

你可以这样来填写句子：当我完全朝着自己的人生航向前进时，我正在……

比如：

1. 我正在全球旅居，欣赏各地的美景。
2. 我正在键盘上码字，享受创作带来的乐趣。
3. 我正在和我的读者朋友们见面，和他们兴奋地交谈。
4. 我正在轻松地运动，我拥有健美的体形。
5. 我正在陪伴家人，享受亲密时光。
6. 我正在跟随世界级导师学习高维智慧。
7. 我正在做着保护地球的公益项目。
8. 我拥有多个自己的品牌公司。
9. 我的学员遍布世界各地，各行各业。
10. 我成为一名世界级畅销书作家。

再比如：

1. 我正在投入地写着自己的传记。
2. 我正在和朋友们分享中医养生的知识。
3. 我正在洒满阳光的院子里和家人喝茶聊天。

4 我正在打理绿草茵茵的别墅花园。

5 我正在全世界各地发表励志演讲。

6 我正在新书发布会上接受记者采访。

7 我拥有一家上市健康食品公司。

8 我在社交平台拥有千万粉丝。

9 我出版了十本超级畅销书。

10 我拥有了三百个亲授弟子。

现在，请写下来你的十个实现梦想后的美好画面。

1

2

3

4

5

6

7

8

9

10

接下来，我们使用对比法，两两进行选择，最终留下五个。

第一轮发问：上面十个实现梦想后的美好画面，哪个让你感觉更好，是①还是②？留下感觉好的那个，再继续和下一个进行对比。

例如：以下哪个感觉更好，是我正在投入地写着自己的传记，还是我正在和朋友们分享中医养生的知识？如果你立马做出了选择，那么就可以直接把选出来的一个与下一个进行比较；如果没有立马做出选择，则继续进行第二次追问，直到你选出一条为止。

第二轮追问：如果犹豫或者纠结时，可以继续追问。

例如：如果可以①，但永远无法②，或者如果可以②，但永远无法①，哪个感觉会让你更好？

好了，现在邀请你写出你的年度目标。

表 2-1 年目标表

年目标
年目标 1:
年目标 2:
年目标 3:
年目标 4:
年目标 5:

现在，你写完了年目标，目标方向是对了，但目标实现的难易程度怎么样呢？有的太难了，有的又有点简单，接下来我们要就每一个目标进行难度的调配。

第二步：难易程度，用情绪来测试

怎么知道自己设定的目标太难了呢？有一种非常好用的办法，那就是去觉察你自己的感受。当你想到这个目标，内心充满了压力和焦虑，那说明目标制定得太高了，实现起来太难了，会导致你行动上有重重阻力。

我有一个学员小熙，她在做个人品牌的第一年基本上没有赚到钱。第二年她认识了我，她跟我说，她的年营收目标是300万，当时我心里叹息了一下，没有立马否定她，而是鼓励她踏踏实实开干，同时心里又隐隐担心结果。结果是怎样呢？当她年初说完这个目标后，她就大病了一场，躺了三个月，她被自己的目标压垮了。有雄心壮志固然是好，但一定要基于事实来设定难度合理的目标，不然目标就会变成巨大的压力，让自己行为受阻。

如何基于事实制定目标呢？就是你看看自己上一年在这个领域做得怎么样，根据历史数据来预测下一年的情况。如果是第一年开启，那就请教有经验的前辈们，听听他们的建议。

如果目标设定太低，你感到无聊、空虚，这时候就需要增加难度了。你可以从目标的深度上提升，也可以从更多维度去对自己提出要求。如果一下子找不到，我推荐你从几个基本功目标做起，比如阅读 100 本书、运动 100 次、学习一门新技能、去三个城市旅行……让自己的身体更健康，让自己的视野更开阔。

目标低的时候，还可以多去见牛人，当你看到别人正在热气腾腾地生活，正在奋力拼搏，你也会受到激发，找到自己的新方向。

曾有一个人在淘宝店家那里买了几条小蚯蚓，放在家里养了一段时间，蚯蚓只长到了 7 厘米，于是他找到店家，说要退货，因为蚯蚓个头太小了。店家说，那我再给你邮寄两条，你把它们养在一起。一段时间后，小蚯蚓们迅速从 7 厘米长到了 15 厘米！怎么回事？原来店家寄过来了两条大蚯蚓，当小蚯蚓发现，蚯蚓可以长这么大啊，于是它们就拼命地生长！

环游中国的路上，我遇到了类似的情况。在西双版纳的热带雨林里，我感觉自己就像进了巨人国，因为那里的植物们都超级大，尤其是有一种望天树，可以长到七八十米，像一把利剑直刺蓝天，有“林中巨人”的美称。旁边的植物也不甘落后，即便是一棵普通的芭蕉都有两三米高。

这两个故事告诉我们，我们都会受到环境的影响，当你感觉自己的人生没有挑战时，就要主动去突破自己现有的环境，进入新的环境，进入更高的圈层，让别人来“卷”自己。

第三步：设置完成顺序，把目标放进时间线里

当你设定了年目标，接下来要对它们进行排序，排序就意味着要设置你完成的先后顺序，越重要的、越紧急的排在最前面。还有一种情况，就是五个目标中，有一个目标会影响其他几个目标，它就是杠杆目标，杠杆性目标需优先完成。

我的学员翠翠，她今年制定了四个目标：考财务证书、落户上海、带孩子一起学演讲、成为财税咨询师。这几个目标中，考财务证书就是杠杆性目标。考到了证书她才能落户，参加专

业考试、拿到证书也会大幅提升她做财税咨询师的专业实力。这个目标就应排在最前面，全力以赴优先完成。接下来就是落户上海了，因为落户影响到孩子的学习，是家庭大事，所以落户应放在第二位。剩下两个就自由安排了。

要想实现目标是要投入时间和精力的，顺序排好后，就要把执行落到时间线上。我们可以把自己的年目标放到一年 12 个月的时间线上，哪几个月完成哪几个目标，标注出来。

我给大家做个示范，这是我的学员丛丛的计划表。

表 2-2　丛丛的计划表

时间	年目标
1～6 月	营收 50 万
3～6 月	直播 100 场
6～9 月	写一本书，运动 100 次
9～12 月	做 50 道菜

你看，当你把年目标放入时间线后，每个月就有了更加清晰的目标，有的月份是一个目标，有的月份会有两个目标，但不要再多了，因为目标聚焦更容易出成果。

然后你就可以根据这个计划表来安排每个月的目标。比如说 3 月，一方面有营收任务，一方面有直播任务，那就可以继续拆解，3 月营收 10 万、做 20 场直播，这就是根据年目标拆解下来的月目标。再比如，11 月，这个时候营收、写书应该都完成了,这个时候不用再给自己添加新的营收和写书任务了，而是享受胜利的果实，只需要把注意力放在做菜上。

这里有一点要提醒大家，就是目标 1 完成后，千万不要随意给自己加码，比如说，你的目标 1 是营收 50 万，这个目标达到了，你开始给自己加码，再收 50 万，完成后，再收 50 万，这样就无穷无尽了。

当然，你是有调整目标的权利的，这时候你需要问自己，是否要调整。我有一个私教学员笑笑，她一直非常渴望能住进一个大房子里，于是我们就把这个目标放在第一个位置去实现。令人高兴的是，她在 3 月份就迅速完成了这个目标，成功买到了理想中的大房子。这个时候，因为买了大房子，一下子就新增了房贷的压力，所以她原本设定的营收目标就要改变了，她下一步的目标就变成了增加更多的管道收入，保证自己的生活品质。

环境的变化，有时候也会促使我们调整自己的目标。我另一个私教学员大饼，她原本计划下一年要继续做自己喜爱的人生成长方向的工作，可是她在 12 月的时候得到了一个投资人的赏识，投资人投百万给她，让她做一个新项目，这时候，她的目标也随之进行了调整。

所以说，目标不是一成不变的，是可以根据你的实际情况调整的。因为你是你人生的主人。只不过当你在调整目标的时候，要时时想到自己的人生航向，坚持朝着大方向前进！

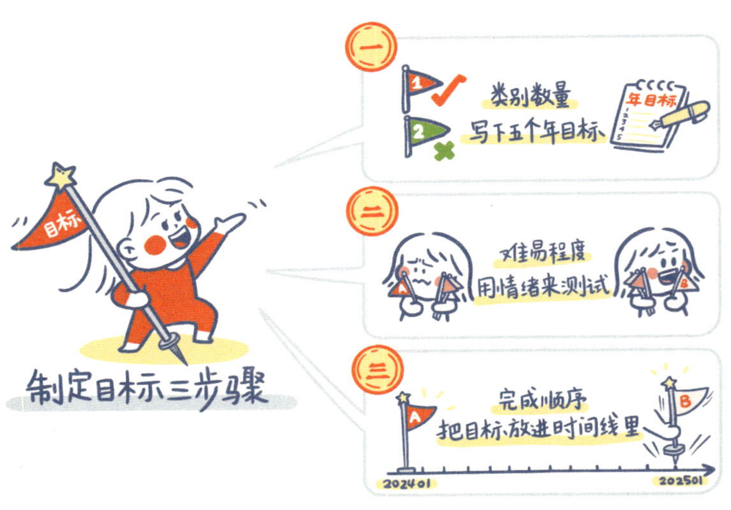

▲ 图 2-1　制定目标三步骤

如果你认为自己行，就一定行；如果你认为不行，肯定不行——无论怎么想，你都是对的。制定有效的目标，开启精彩的未来，向着你的美好人生勇敢前进吧！

第 7 篇

设定过程和结果都快乐的目标

快乐和幸福是我们的大脑创造出来的心理活动。如果我们在人生的每一点都能找到意义、目的和祝福——我们将享受更多的生活。

—— 米哈里·契克森米哈伊

我从小就是个学霸，特别爱学习，周围也一直会有人这样问我：你整天这么学习太辛苦了。每当遇到这样的关怀，我就很诧异，因为我非常享受学习的过程，一点都不觉得累。当我把这点分享给我的学员时，他们都惊呼“原来还可以这样”。是的，学习也是可以快乐的，本篇我将给大家分享非常核心的目标拆解的方法——设定“过程和结果都快乐”的目标。这也是我做任何事情不知疲倦、非常喜悦、非常高效的秘诀。

小时候看电视剧时，我特别崇拜警察，梦想着成为一名国际刑警，后来长大后才发现，做警察要面对可怕的犯罪现场、要去和坏人拼死搏斗、要去进行严密的案情分析，这些都不是我所喜欢和擅长的。这就像你以为自己很喜欢一个人，但真的走到一起后，发现并非如此，你爱上的只不过是爱的感觉而已。有时候我们其实不了解结果，只是被外在表象所欺骗。就像很多家长给孩子填报志愿的时候，并没有去调查清楚这个专业未来到底是怎样，只是根据自己的想象和偏好填了一个“热门专业”。

你身边有没有这样的朋友，拼尽全力干活，为了拿到好结果，经常加班熬夜，为了让领导喜欢，委曲求全，但其实一点也不喜欢自己的工作。虽然干着年薪不错的工作，可是内心一点也不开心。这就是典型的结果很好但过程痛苦的例子。

我关注的一位旅行博主在一期视频里袒露自己的心声，说她当旅行博主几年了，虽取得了一些成绩，却身心疲惫，无法好好享受旅行本身，无法好好停下来休息，甚至连晒个太阳都会自责。

如果过程那样痛苦，那么结果又是为了什么呢？人生其实是由一个接一个的过程组成的。虽然有一部分人可以为了结果的快乐而忍受过程的痛苦，但大多数人都无法坚持，最终倒在了路上，得不到自己最想要的结果。这也是为什么很多人无法实现目标。所以说，我们在设定目标时，既要结果快乐，又要过程开心。

这就好比，小时候老师宣布第二天要春游了，我们一听到春游就很开心，准备春游零食的时候也是开心的，春游的路上在田间唱着歌也是开心的，到了目的地更是开心的，多年后回想起来依然是开心的。这就是过程和结果的双重幸福。我们制定目标时，也要给自己安排这样的目标。

冯唐在《成事》一书中讲道，性情中人才明白，人生没有终极意义。如果有些意义，就是那些过程中的好时光。这似乎是个悖论：成事的人中，特别是成大事的人中，性情中人比例奇高。

三步设定过程和结果都快乐的目标

第一步：拆解目标实现的动作

找出你的五个年度目标，去拆解它具体是做什么的，每一个具体的动作是否是自己喜欢的。如果你想要成为旅行博主，那就可以拆解为旅行、拍摄、剪辑视频、撰写文案、接广告这几个动作，这些动作你都喜欢吗？如果你想要做一位科研工作者，那就可以拆解为做实验、写论文、上课、带学生这几个动作，这些动作你都喜欢吗？

现在邀请你来拆解你的五个年度目标，每个目标对应写上关键动作。

表 2-3 年度目标拆解表

年度目标	关键动作	喜欢的	不喜欢的
目标 1			
目标 2			
目标 3			
目标 4			
目标 5			

第二步：喜欢的就去做，扩展心流清单

如果你的关键动作，都是自己喜欢的，那么你成功的概率会大大提高，而且过程也会很快乐。喜欢的动作我们通常叫它心流体验，它是由积极心理学的创始人之一——米哈里·契克

森米哈伊提出的概念，是指一个人将精力完全投注到某种活动中的忘我的感觉。

心流是一种高度专注的状态，是要把所有的注意力都投入正在进行的任务中。一位攀岩家说，当我攀岩的时候，我完全忘记了时间，时间有时候变得很长，有时候变得很短，我感觉一股洪流带着我不断地前进，自己就化身为一股洪流。

你在什么时候体验过这种洪流呢？我问过很多人，大家不约而同地提到了曾经为了一个清晰的目标而奋斗的时光。体验过心流的人都知道，那份深沉的快乐是用严格的自律、集中注意力换来的。比如说准备考试，或是为了面试一个岗位而认真准备，或是为了工作上的目标努力冲刺。当我在专注地讲课时，当我在一对一倾听学员的心声时，当我站在山顶看云海时，当我为了一个活动通宵熬夜时，当我的手指不停地在键盘上码字时，我都能体验到心流，这是我最为幸福的时刻。所以说，你在日常生活中要刻意留心自己的心流时刻，刻意扩展自己的心流清单，这样的状态下，你的目标达成率会极高，并且你会非常幸福。

那么，怎样获得心流体验呢？

（1）有目标

没有目标，就无法获得心流。去跑步，你可以提前规划，今天要跑多久，要跑多远；去健身房，你可以定好计划，今天我要练哪些器具，要突破哪个项目；打坐，你可以定好计划，今天我要挑战静坐半小时。目标是完全由你自己掌控的。

（2）保持全神贯注

这样会让你做事情更加投入。比如看电影，在电影院看电影和在家看电影，感觉很不同，在电影院你会关闭手机，全神贯注地看；而在家看电影，你很容易被其他事情打断，所以再精彩的电影，在家看的体验都没有电影院那么好。还有参加线下课程，把手机没收，你会全身心投入进去；而在线上课，你会不自觉地看手机或者干别的，听课所获得的心流体验也会不一样，明显前者更多。

（3）任务的难度适中

任务的难度不宜过大，太大了会让人感到焦虑，太小了会觉得无聊，没有挑战。所以要留意任务的难度，让自己处于有点挑战、有点兴奋的状态下，踮起脚能够一够的任务才是好任务。

（4）有反馈

反馈对于获得心流特别重要。这里的反馈分为内外两个部分：自己内心的反馈，比如说上课时，自己处于兴奋、激情的状态，就是心流的流淌；外在他人的反馈，比如说频繁地互动，高度的评价，这也会刺激心流的产生。

所以，一定要列一张心流清单，把你心流的时刻列出来。这张清单极为重要，它是你通向幸福的阶梯，也是你快乐达成目标的桥梁。

▲ 图 2-2　我的心流清单

请画出你自己的心流清单。这张清单就是你幸福的导航仪。

第三步：不喜欢的，那就转化它

如果拆解的动作里都是自己不喜欢的，那么就需要重新审视是否还有必要继续完成这个目标，可以选择放弃，也可以选择把不喜欢的变成喜欢的。

伟大的企业家稻盛和夫先生在畅销书《活法》里曾讲道，工作是人生的修炼场，要主动爱上自己的工作。如何把不喜欢的动作变成喜欢的动作呢?

（1）态度上的转变

重新去看待这个动作背后的积极含义。比如，在做个人品牌的过程中，很多同学都讨厌营销这个动作，那是因为他们不明白营销的巨大价值。如果你掌握正确的营销方法，你可以成功地影响别人，可以很容易地改变他人的思想，从而帮助到他们，这是多么厉害的本领。

态度决定一切，态度的背后是什么呢？是你对做这件事的意义的理解。如果理解不到位，意义感不够，我们是很难调动起自己的注意力去做的。

工地上有三个工人，他们正在砌一堵墙，这时有个孩子经过，好奇地问：“你们在干什么呀？”建筑工人甲没抬头，敷衍地说道：“我们在砌墙。”建筑工人乙抬起头对着孩子说道：“我们在盖一间房子。”建筑工人丙一边干活一边哼着歌，脸上的笑容像一朵花，热情地对孩子说："我们在建造一座教堂。"

你看，这就是做事的意义不同，他们的态度自然也不同。

（2）行动上的转变

你不喜欢的事，很多时候是你不擅长的，甚至是没有学习过的。害怕下水是因为没有学过游泳，不爱演讲是因为没有上过演讲课。所以说，不要给自己设限，要给自己学习成长的机会，把短暂的不喜欢变成长久的喜欢。

郎朗是一位国际知名的钢琴大师，但他的练琴生涯也并非一帆风顺。他在 2 岁时就开始学习钢琴，3 岁时每天都要练琴 2 个小时，4 岁时没有一天不练琴。有一次，郎朗迟到了一个半小时，被爸爸狠狠地批评了一顿。如果没有爸爸的严厉教导和自己的坚持，郎朗也不可能取得如今的成就。现在的他非常享受弹琴，钢琴成为他生命中不可缺少的一部分。

（3）策略上的转变

如果这个动作，你确实不喜欢，该怎么办呢？这就好比，你一定要去罗马，但你实在不喜欢坐马车，那该怎么办？你可以选择换个方式到达。想想看，有没有可能换一种自己喜欢的动作去实现自己的目标。

在心理学史上有这样一个好玩的故事，心理学家奥尔波特一开始做的是老鼠实验，他非常痛苦，不想和老鼠打交道，于是他寻求导师的帮助。他的导师说："做心理学研究，不一定是做老鼠研究，还可以研究其他内容。"于是，他开始研究人的特质，最后成为人格特质理论的创始者，在心理学史上留下了浓墨重彩的一笔。

看，实现目标的不是狠人，而是有技巧的人，这个技巧的核心要点就是给自己设定"过程和结果都快乐"的目标，你学会了吗？**也许我们可以否定今天的自己，但千万不要否定未来的自己，加油！**

第 *8* 篇

如何让别人支持你的目标

在辅导学员的过程中，我发现学员很难处理个人目标与集体目标的关系，这是一个痛点。每个人都有自己的目标，这些个人目标又隶属于不同的集体、家庭、单位。如何把个人目标与集体目标融合起来，这就要用到目标篇的第三个法宝——个人目标集体化。这是一个全新的概念，你或许是第一次听说。我先来解释为什么要将个人目标集体化。

首先是在工作场景中，你一定经历过和团队一起作战的时刻，你一定遇到过一个人无法完成的挑战，你的目标如果只有你一个人去实现，你很快就会遇到职业瓶颈，你会发现很难一直打胜仗。你需要很多人和你一起去实现目标。

其次是在家庭场景里，家庭就是一个小团队。老话说，夫妻同心，其利断金。唐朝的文成公主和松赞干布，一起把吐蕃变成了人间天堂，促进了吐蕃政治、经济、文化的全面发展。

家庭中，如果夫妻不合，那就是一种内耗，会大大折损你的能量和成果。你需要学会调动另一半的力量，如神助攻一般，实现自己的愿望。

最后是自己的个性化目标，虽然这个目标独属于自己，跟别人没关系，自己一个人干也可以。但如果只有你自己去做，你会感到孤独，遇到困难的时候没有人可以帮助你。一个人可以走得很快，一群人却可以走得更远，当你的梦想可以得到他人的助力时，你的梦想会更容易实现。

个人目标集体化到底是什么呢？其实非常简单，它是一种思维方式，无论你在什么样的场景里，都可以用得上这种思维方式，那就是——共赢，当你要做一件事的时候，想一想能不能带上他人。

别人为什么要参与到你的目标里来呢？答案就是好处足够多！

例如，一位 IP 导师要卖一本书，目标是一天卖出一万册。她把个人目标变成了集体目标，号召社群里的学员来一起完成这一万册。学员为什么愿意买呢？因为他们能够得到这样几个好处：

（1）这本书本身内容很好，是一本值得阅读的好书。

（2）多买几本，可以送人，很有面子，和别人结下善缘。

（3）支持自己喜爱的老师。

（4）老师关于具体怎么卖书，单独开了小灶辅导，教大家销售技巧。

（5）有团队归属感，买书会让自己感觉是团队中的一员。

有了这么多好处后，你是不是也心动了？恨不得买上 10 本、20 本来助力目标的达成。所以说个人目标集体化的过程，就是用共赢思维让参与者们都受益的过程。

四步把个人目标集体化

第一步：设定一个高目标

目标一定要远高于你一个人做的时候的数值，为什么？以卖书为例子，如果你的目标是卖 30 本书，那就不需要大家一起来卖了，你自己就可以完成，大家是不被需要的。**有一种顶级奢侈品叫“被需要”，你要创造被需要的场景出来。**现实生活中，很多高学历且各方面都很优秀的女性往往没有伴侣，为什么呢？因为她太强了，什么都可以自己干，男人在她面前感受不到被需要。

你要敢于给自己设定高目标。如果你每次设目标的时候，都想的是只靠自己完成，那么你的目标肯定很小，你的进步突破相应也会小。反过来，你把目标设高，然后发动身边人的力量一起来完成，那么进步肯定是更加巨大的。在家庭生活中也是如此，如果你设定的目标把另一半排除在外，那么你的家庭发展速度一定是极慢的。

不要害怕目标设高了完不成怎么办，目标只是一种手段。在《有钱人想的和你不一样》一书中，作者哈维·艾克说，如果你的目标是过得舒服就好，你就很可能永远不会有钱。但是如果你的目标是赚大钱,那么你最后很有可能会舒服得不得了。如果你瞄准的是星星，那么你至少会射中月亮。

现在，停下来思考，你近期有什么事是可以尝试调高目标的？

第二步：目标达成共识

目标是在不断形成的共识中达成一致的，很多人会忽略这一步，以为说一次就够了，这种观念是错的，大错特错！目标需要在不断重复中达成一致，你和他人的一致，意识和潜意识的一致。

我们需要共识哪些方面呢？

首先是做这件事的意义。意义就是价值，你要去塑造这件事背后的价值。它对于你个人有什么好处，对于大家有什么好处，对于社会有什么好处。价值塑造越高，大家越容易和你团结在一起。

我在环游中国这件事上，会反复和先生一起讨论，这件事给自己带来了什么收获，这件事让我们整个家庭有什么突破，这件事对社会有什么帮助。讨论着讨论着，我们变得非常激动，因为我们发现它的好处太多了。

环游中国让我们看到了更多的美景，更加热爱祖国的大好山河；

环游中国让我们看见了更广阔的世界，人生是旷野，有各种不同的活法；

环游中国让我们每一天都很充实，有很多惊喜，每天都在拆盲盒；

环游中国让我们两个的事业走进了新的模式，开启了线上办公，生活更加自由；

环游中国让孩子有了更多的见识，他拥有了一个幸福的童年；

环游中国让更多的人受到激励，去做自己热爱的事其实并不难；

你看，这就是塑造价值的魅力，你会从中找到无穷的动力。

其次要达成共识的是目标的数量和截止时间。如果没有具体的数量，大家是无法朝着一个方向前进的。数量是客观的，是最容易衡量的，最容易传播的。截止时间也是如此，有了截止时间，人就有了紧迫感，就更能够行动起来。

我有一个学员定了买房的计划，因为她的二宝要出生了，所以就给自己定了一个时间节点，在孩子出生前签好购房合同。因为有了这个时间节点，她和先生立马就行动了起来，马不停蹄地踩盘，约谈卖家，最终用两个月的时间就搞定了买房子的大事！

第三步：拆解目标

个人目标集体化的过程中，非常重要的一步是把目标拆解下去，然后分工合作。这里面有个非常重要的原则，叫人人有事干。

一个项目中，可以从这四个维度给大家安排任务，分别是出钱、出力、出心和出席。出钱，是指他没办法亲自参与进来，但可以资金支持。我在坐月子时，婆婆无法亲自照顾我，但她出了月子中心的费用，我非常感激。一个机构创始人办一场两百人的活动，她的朋友无法到现场，但那位朋友网上订购了鲜花和蛋糕送到，大家都很惊喜。我的一位老师办一场线下活动，我当时在旅行无法参加，我就赞助了四位数现金给他。这些都是出钱。

出力，是指进来干活，出力气。这是我们最常见的方式，有哪些统筹的工作要做，有哪些细节需要跟进，有哪些物资需要购买，等等。在家庭中，做家务、带孩子也是出力的一种形式，也是在为这个家做出巨大贡献，值得称赞和敬佩。

出心，是把关心放进来。当你遇到困难的时候，可以有一个人来倾听。当你需要方案时，可以有人提供建议。我的一位学员举办三百人的毕业典礼，在筹备的过程中，我会和她一起讨论活动流程，关注她的活动筹备进展，为她呐喊加油，这就是出心。

出席，是参与到活动现场。陪伴是最长情的告白，出席也是贡献的一种形式，尤其是人生的重要时刻。好友结婚的时候，你到现场祝福，喝一杯喜酒。老婆生孩子的时候，先生在产房外随时守候。我记得小时候参加每一场选拔考试，出考场的那一刻看见爸爸依然站在原地等我，我心里倍感温暖甜蜜。这就是出席的力量。

所以，拆解目标时，可以根据各自的情况，做出适合自己的出钱、出力、出心、出席的选择，只要参与了就是好的。

拆解目标的过程，可以通过项目会议来进行。很多人听到开会，第一反应是反感和逃避，那是因为你之前开会的流程不对。如果你按照我的会议流程来，一定会爱上这个会议。

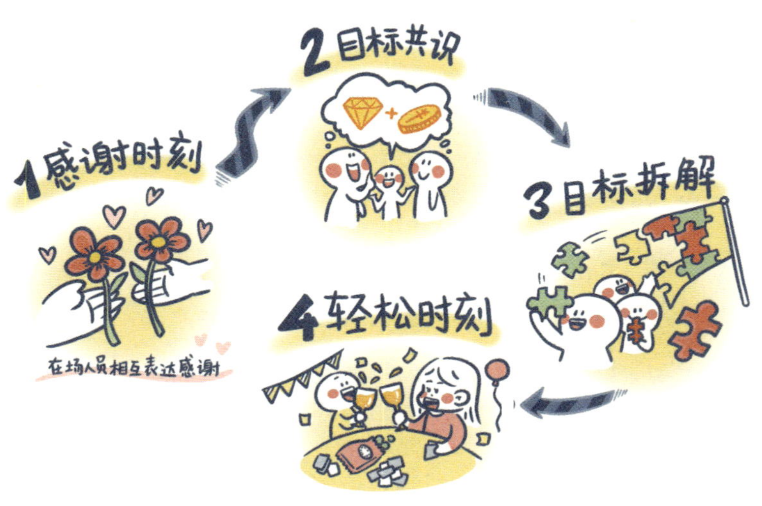

▲ 图 2-3　会议流程

第四步：复盘与论功行赏

一个项目完成后，不仅要复盘事情本身，还要复盘到人身上，这是个人目标集体化中的升华环节。如果一个人在助力你达成目标后，还能够被看见、被关注、被奖赏，那么他以后会继续帮助你。如果一个人做了很多贡献，可是却被当成是理所当然，被忽略成了小透明，那么下次他很可能就不会那么卖力了，甚至不再来帮助你了。**牢牢记住一句话：人比事更重要！**

复盘的时候，去看见每一个人的付出，去感谢每一个人的行动，不论是在台前的，还是在幕后的，都一一感谢他们。在家庭中也是如此，每一个家庭成员都是不可或缺的，即便是再微小的行动，都值得肯定。当你表达自己的感谢时，既可以有语言上的，也可以有行为上的，比如给对方准备一份礼物。既可以是物质上的，也可以是精神上的，比如送一面锦旗，发一张荣誉证书。

孔子说：近者悦，远者来。当在我们身边的人，都是开心喜悦的，那么远处的人自然会来靠近你。你要对客户好，更要对团队成员和家人好！个人目标集体化，就是不断扩展自我的过程，当“我”越来越大时，心也就越来越宽广了，你的世界也会越来越大。

第三章

动力信念篇

第 9 篇

小心，你的脑子里
住着暗中操纵你的信念精灵

信念，你拿它没办法，但是没有它，你什么也做不成。

——撒姆尔·巴特勒

当我们找到了灯塔，明确了去往灯塔路途上的目标，那么在具体的实践中，我们还要看看自己的内在，多给自己建设性支持，去觉察阻碍自己的想法，于是我们来到了信念篇。这一章我们主要讲如何自我驱动，给自己加满油。有一些来到我这里的学员，我发现她们条件特别好，但是却束手束脚，这也不敢做，那也不能做，解决这类人群的问题的关键是要抓住她们脑袋里暗中操纵的信念精灵。

信念是什么呢？是你解释世界的规律，比如男人是什么样的、工作是什么样的、赚钱是什么样的。为什么人会不自觉地总结规律呢？因为规律会让你有安全感，就像科幻小说《三体》中的人们，试图在恒纪元和乱纪元中找到太阳的规律以生存下去。规律还会提高我们成功的概率，降低失败的风险。所以我们会不自觉地去总结规律，进而形成各种各样的信念。

例如，你今天在直播间讲故事，发现来听的人在线时长很不错，那么下次就继续讲故事。你的脑子里形成了一个信念：大家爱听故事，要多讲故事。因为有了这个信念，你的行动就是多讲故事。再比如，有个小女孩看到爸爸妈妈都围着弟弟转，给弟弟吃东西，抱着弟弟，没有人管她。有一次她不小心打翻了黄桃罐头，这时候家人都围了过来。于是她心里形成了一个信念：我捣乱你们就会来关注我。于是，她越来越捣乱了。

信念有以下三个特点：

（1）它的产生都是来帮助你的。

（2）它会影响你以后的行为。信念不同，行为也就不同。

（3）信念很多时候是无意识的，即便形成了，你都不知道，却被它掌控着。

长大的过程中，我们的大脑中会形成无数个信念。一个又一个的信念在我们的脑子里，掌控着我们，它们有的大，有的小，有的浮在冰山之上，清晰可见，有的却隐藏在冰山之下，难以觉察。如果你要掌控自己的生活，掌握自己的命运，就要对自己的信念有觉知、会调节。

一念天堂，一念地狱。你的信念越美好，在生命中得到的就越美好。你的信念越消极，在生命中得到的就越糟——直到你改变为止。

同一件事，即便是双胞胎，他们形成的信念也可能不同，不同的信念会导向不同的人生。有一对双胞胎，他们小时候看见爸爸喝醉了酒就会打妈妈，哥哥形成的信念是，女人可以打，打了就听话。长大后，哥哥变成了和爸爸一样暴力的人。然而弟弟是怎么看待的呢？弟弟心里想，我爱我的妈妈，她太可怜了，我一定不要像爸爸那样。长大后，弟弟成为一个非常温和的人，对自己的妻子也非常体贴。

所以说，同一件事，在不同人的大脑里，可以形成不同的信念。这里不得不提一下情绪 ABC 理论。

▲ 图 3-1 情绪 ABC 理论

情绪 ABC 理论是由美国心理学家埃利斯创建的，该理论认为，激发事件（A）只是引发情绪和行为结果（C）的间接原因，而引起 C 的直接原因是个体对激发事件 A 的认知和评价而产生的信念（B）。**所以说，发生什么不重要，重要的是你怎么解读它。**

动力信念和阻力信念

如果你能合理地解读，让解读的答案有利于自己进一步发展前进，那么这个信念就是动力信念。如果你不合理地解读，让答案局限住自己、阻碍自己，那这个信念就是阻力信念了。

我们来做个小测试，看看你的脑子里是动力信念多，还是阻力信念多。先来看下面这个场景，你会如何解读。请停留几分钟思考，再继续往后看。

假如夏天的某日，你和朋友出去玩，一起到黄山去。那天一开始天气很好，云也很美，你们开开心心地开始爬了。可是爬着爬着，开始下起了雨，雨下下停停的，你们没有停下来，最后爬上了黄山，第二天还欣赏到了日出。

好了，请问你看完会有哪些想法呢？你可以试着把自己的想法逐条写出来。

如果你的想法是类似这些：

- 哇！太幸福了，我看到了日出。我可真是个幸运儿。
- 真是不错的旅行，我要经常到山里来！
- 黄山真美，大自然真是太美好了！
- 我经历了不同情况的黄山，有天晴有下雨，太好了，一切都是礼物。
- 爬山真是个很好的锻炼方法！
- 和朋友一起爬山真开心。

- 要坚持，朝着目标攀登，你才配得上那么好的日出。

恭喜你，你习惯正面思考问题，能够看到事物积极的一面，更容易形成动力信念。它们会鼓励你大胆探索新领域，帮助你更乐观地面对困境，不断给你前行的力量。

如果，你脑子里出现的想法是下面这些：

- 我真是太倒霉了，爬山竟然下雨，倒霉。
- 爬山真累啊，再也不爬了。
- 我这个朋友怎么这么不靠谱，也不查一下天气预告。以后再也不跟他出来玩了。
- 下雨天爬山，真是太危险了！
- 我的衣服都湿了，哎呀，难受死了。我真是做什么都不顺利。
- 我的腿好疼啊，我再也不干这么愚蠢的事了。
- 日出也没什么好看的，也就那样。下次还是换个轻松点的活动吧！

如果你的脑子里冒出来的是上面这些想法，这些就是阻力信念，它们会引导你进入不好的状态里，让你不敢探索，停止前进，限制你的成长。

所有的事，都有正反两面，选择权在你的手里。对同一件事，可以正面解释，也可以负面解释。当一个目标确定后，你内心产生的动力信念多于阻力信念时，你会更容易落实它。反过来，如果阻力信念多于动力信念，你就迟迟无法动弹。

所以，当我们有了目标后，就要去觉察自己，我的动力信念有哪些，我的阻力信念有哪些。对于动力信念，我们要增加和放大它，而对于阻力信念，就要减少和消除它。

在后面的篇幅里，我会介绍常见的几种动力信念和阻力信念，让你更加清晰地观照自己，也会分享自我觉察的工具，帮助你突破阻力信念，有效地为自己赋能加油。我们先一起来看对整个人生底色都有帮助的动力信念，这些信念是我通过采访了许多成功人士、研究了很多成功方法而提炼出来的。

第 10 篇

给自己创建 源源不断的动力信念

喷泉的高度不会超过它的源头，一个人的事业也是这样，他的成就绝不会超过自己的信念。

—— 林肯

有一年，一支英国探险队进入撒哈拉沙漠的某个地区，在茫茫沙海里跋涉。炽热的阳光下，漫天飞舞的风沙拍打着探险队员们的脸，他们口渴难耐，心急如焚，因为大家的水没了。这时，探险队长拿出一只水壶说："这里还有一壶水，但穿越沙漠前，谁都不能喝。"

一壶水，成了队员们穿越沙漠的信念源泉，成了他们求生的精神寄托。水壶在队员手中传递，那沉甸甸的感觉使队员们濒临绝望的脸上又露出坚定的神色。终于，探险队员们顽强地走出了沙漠，挣脱了死神之手。大家喜极而泣，用颤抖的手拧开了那壶支撑他们的精神之水，没想到缓缓流出来的不是水，而是满满的一壶沙子！

炎炎烈日下，茫茫沙海中，真正救他们的哪里是那一壶沙子呢，而是支撑他们走出沙漠能够喝上水的信念。他们执着的信念，如同一颗种子生根发芽，带他们走出了绝境。事实上，人生并没有真正的绝境。无论经历多少磨难，无论身处怎样的困境，只要有坚定的信念，就可以战胜一切，让生命开花结果！

在长篇小说《苦儿流浪记》中有这样一段情节：主人公和矿工们在工作时遇难了，大家被困在一个狭小的空间里，脚下是无尽的水流。在这种极度恶劣的情境下，他们不是饿死、淹死，就是窒息而亡，生存的希望极其渺茫。其中一个人戴着手表，于是大家决定由他来报时。时间一分一秒地过去，人们的心也越来越紧张，救援队到达时，他们竟然奇迹般地活了下来，只有一个人死了，那就是报时间的矿工。

原来，刚开始时，他的确是准时报时间的，但当他发现同伴们的异常，他便开始虚报，半小时他说是十五分钟，一小时他说是半小时，结果其他人在信念的支撑下活了下来，而那位报时间的矿工却被自己的心魔给逼死了。

来自哈佛大学的一项研究发现：一个人的成功，85% 取决于他在顺境或逆境中是否能保持坚定不移的信念，而只有 15% 取决于他的智力和其他因素。

我们在生活中会不自觉地创建许多信念，有动力信念，也有阻力信念。我们也已经感受到了动力信念给一个人带来的巨大的正面影响，所以我们可以通过有意识地给自己种植动力信念，来促进行动和改变。

种植动力信念的三大方法

方法一：庆祝每一个小成功

当我们第一次成功后，无论大小，都要为之庆祝，并且问自己，我是怎么做到的？我做对了什么？当你把目光聚焦在成功上，而非失败上，你自然而然会总结出许多动力信念。**要经常提醒自己：不要总是想着自己掌握的知识还“差”多少，而应该想自己现在已经“会”多少，这种积极的心态会让自己充满信心。**

自己亲身经历的事，是最有说服力的。所以，我们要向自己挖宝，寻找自己成事的方法路径，慢慢地，你就可以有意识地复制成功了。

我和先生一开始做投资的时候，两个人的意见很不统一，谁也无法说服谁。有一次我们邀请了一位投资领域的大咖朋友喝咖啡，结果那次聊天彻底让我们清醒了，也把我们俩的思路彻底给统一了。于是，我们快速达成一致，行动了起来。事后，我们庆祝这次行动的成功，发现转折点就是喝了那杯咖啡。而为什么那杯咖啡如此重要呢？因为我们找到了一个水平比我们都要高出许多的专家来解答问题。于是，我们形成了一个新的解决问题的方法：遇到问题，双方无法说服对方的时候，就要请教第三方的专家。

这个新方法在之后的许多决策中帮助了我们。环游中国开始前，我们也是意见不统一，于是请教旅游方面的专家；在做个人品牌创业时，我们思路不一致，就去付费向顶流老师学习，一起听课讨论，结果很快就统一了。经过多次实践，新方法非常有效果，我们成功地创建了这条动力信念。

你看，当你无意中成功了一次，就要为之庆祝，带着欣赏的眼光去探索成功的奥秘。你会形成一个新的假设，这是一种实验思维。然后用这个假设去指导类似的情景，如果发现用起来奏效，那你就成功创建了一条动力信念，这样你就升级了信念系统。如果发现不奏效，那就修改和调整，继续尝试和迭代。

方法二：以人为镜，随喜他人的成功

我们天生就会向他人学习，为什么呢？因为在我们的大脑里有一种神经元叫“镜像神经元”，它就像一面镜子一样，会让你不自觉地模仿他人的行为。

刚出生三个月的婴儿是没有社会性微笑的，但为什么你感觉他会笑呢？那是因为你对着他笑，他就模仿做出笑的动作，事实上他并不是开心地笑，只是模仿动作而已，这就是镜像神经元的功劳。身教大于言传，也是这个原理。

既然我们明白了人的生理基础，那么我们就要好好去利用它的特点。你想，你希望形成动力信念，那么肯定是要多接触正面的故事和案例。如果你周围看到的、听到的都是不好的故事，都是非常糟心的例子，你是很难形成动力信念的。因此，要让自己靠近高能量的圈子,让自己进入成功人士多的圈子里。

当你看到优秀的人成功了，去随喜对方，而不是嫉妒或者怀疑。如果是嫉妒或是怀疑，那么形成的信念是什么呢？举个例子，你看到一个主播两天就赚了 100 万，如果你心里想“这肯定是假的”，那么你行为层面的表现就是远离那位主播，自己什么也学不到，还是原地踏步。而如果你心里这样想，“哇，当主播好棒，潜力很大啊”，你一定会继续想，“我也想要成为这样的主播”。于是，你形成了一条动力信念：我要好好开

直播，我要成为月入百万的主播！感受一下这条信念带给你的能量！**所以，看起来是在随喜他人，其实是在给自己希望，你之所见，离你不远。**

如果有机会可以直接请教身边的成功者，你可以问他是怎么做成事的，有哪些心得经验可以分享。你也可以多读人物传记，书里有很多故事，故事里也透露着正面的信念，值得我们学习。还有很多优秀的影视作品，也会给我们启发。我特别喜欢一部电影《肖申克的救赎》，主人公顽强不屈的精神深深地打动了我，当我面对困难时，就会想起他挖地道的场景。文学名著《热爱生命》这本书中，让我印象深刻的是人和狼在冰天雪地中与恶劣环境抗争的画面，它常常给予我力量。还有画家凡·高的经历，也一直激励着我，即便这个世界没有一个人理解你，也要尽全力燃烧自己，就像向日葵一样，热烈奔放！

方法三：拉高做事的动机

当你做一件事时，怎样让自己快速动起来呢？那就是多想想自己为何而出发，想想做这件事有什么好处。做这件事的好处越多，好处越大，你越容易去行动。

以写书为例，我为什么写这本书？我的动力信念有：

- 我要成为一位畅销书作家。
- 我要成为顶流 IP。
- 我是学员们的榜样。
- 我的文字可以照亮很多人。
- 我要送给这个世界一份礼物。

在这些信念里，有一些是为自己的，有一些是为学员的，还有一些是为世界的，当我想要送给这个世界一份礼物时，我的内心就充满了力量，再艰难都可以克服！

做事的动机通常有这样几个层次：

（1）为自己而做

这点很重要，自己是珍贵的，一个人如果不懂得为自己而活，是不可能爱别人、爱世界的。

（2）为家人、朋友而做

近者悦，远者来。如果连最亲近的人都无法照顾好，如果做一件事会损害到他们的利益，那这件事也很难取得巨大的成功。

（3）为学员、客户而做

以用户为中心，才能真正帮助到对方，企业也才能走得更长久。当你是真心为他们做一件事时，你会更加有力量，也会更容易得到他们的支持。

（4）为行业而做

能够考虑到一个行业的发展，是很有格局的表现。愿力越大，越能做成。

拉高做事动机，这是一个持续性的过程，需要时间慢慢地提升。现在邀请你写下一件近期想要做的事，把自己的动力信念写下来，看看它们都是什么。

一切东西，只要你带着坚定的动力信念请求，就一定会得到。学会关上你的大门，不要让任何不能给你现在和未来带来明显益处的东西进入你的心灵、你的工作、你的世界。

根据十多年的心理学研究经验，我提炼了五大动力信念，它们分别是：我的人生我做主、借助他人的力量、选择难走的路、越努力越幸运、十个梦想不如一个行动。它们能够助力你建立一个强大的动力信念系统，给你任何想要的东西：幸福、健康、财富……可以让你成为想要成为的人，让你拥有璀璨夺目的人生，不管你的梦想看起来多么远大和宏伟，它都可以让你跨越障碍，让梦想落地生根。

第 11 篇

我的人生我做主

我命由我不由天！是魔是仙，我自己决定！

——电影《哪吒之魔童降世》

熟悉我的人都知道，我的行动力超强，想到什么，就会立即干起来，也总能拿到好的结果，大家一直很好奇我有什么秘诀？那就是——我的人生我做主。它是我的第一条动力信念，对我的人生具有举足轻重的作用。

我的人生我做主，就是为自己百分百负责。你现在所拥有的一切都是由你创造出来的，无论是好的、满意的，还是不好的、不满意的，都是你创造出来的。当一件糟糕的事发生时，被动反应，觉得自己没有选择，这就不是为自己做主。反过来，当一件糟糕的事发生，你能主动思维，这件事我还能做什么，这里面的礼物是什么，这就是我的人生我做主。

这个信念是人生非常核心的信念，无论你在什么年龄，也无论你在什么状态，只要你悟到了这点，这将会是你直挂云帆济沧海的开始！之所以我的人生更有效率，是因为我在很小的时候就明白了这个信念。

我出生在农村，我的爸爸从小就教育我，要好好学习，不然一辈子要下田干活，这点相信很多农村的父母都会这样说。同时，我的爸爸最厉害的地方在于他说了另一句话：你要为自己负责，你自己选的路自己走，自己跪着也要把它走完。如今看来，这句话是多么智慧！这不就是我的人生我做主吗？

我是听着这句话长大的，也是这么践行的。我的作业自己负责，先写完再出去玩；我初中要考哪个学校的少年班，我自己报考；我大学要学什么专业，我自己选择；我毕业干什么工作，我自己找；我要和谁结婚，我自己负责。

一路成长，我养成了自己为自己负责的态度。后来我学习了心理学，我发现这是人格独立的第一步，也是实现梦想的第一步。你的梦想是你的，不是别人的。你的人生是你的，不是别人的。只有当你百分百为自己负责时，你才能充分地行动起来！

为什么要给自己创建我的人生我做主这样的信念呢?

第一，你无法改变任何人，除了你自己。如果一件事发生，你想的是别人的问题，你期待别人改变，那么终将会以失败而告终。

第二，所有的外在世界都是内在世界的显化。你看见的、经历的，都与你有关。世界并不缺少美，而是缺乏发现美的眼睛。当你的内心是美好的，你看见的世界也是美好的，当你的内心是充裕的，你看到的世界也是充裕的。

第三，自己做主是基本的心理需求，抱持这个信念可以调动起你的积极能量。在心理学上有一个理论，叫自我决定论，是由美国心理学家理查德·瑞安和爱德华·德西提出的。自我决定论发现，人们具有三个基本的心理需求，即自主性、能力和关系。自主性就是你自主地行动和选择的能力。当你感到自己有自主决策的权利，就会体验到更高的内在动机和更大的满足感。

这里我还要跟大家讲一个反面例子，也是我的亲身经历，虽然是二十多年前的事，却依然历历在目。在小学四年级的时候，我代表学校参加跑步比赛，在比赛前我们集训了一个月。这是我第一次参加大型的比赛，选手们特别多，对手们也都非常厉害。我前面出战的队友们都没有拿到名次。

轮到我出场了，我的项目是女子 400 米和 1500 米。在跑 400 米的时候，我一开始跑在前面，因为我在最里圈，可是跑到 300 米的时候，我竟然被好几个人超过了。我心里慌了，我想快起来，可是腿就是不听话，根本快不了，这时我看到我的队友们在跑道边上喊加油。我对他们说，你们来推我一把。已经记不清当时是说出来了，还是自己脑子里的想法。当时的我，寄希望于别人推我一把，就在这时，我的脚步自动慢了下来，又有好几个人超过我了，我成了倒数。

跑完后，我悄悄来到一个没人的地方，那是一片绿油油的草地，当时的太阳特别晒，可是我的心是冰冷的，我浑身颤抖着，无力地趴在草地上，任由泪水滑落，双手抓起一把草和泥土，心里恨自己，不断责备自己：为什么想要别人来帮助，为什么不拼尽全力？也就在那天，我暗暗下决心，凡事都要全力以赴。第二年，我面对几千人的少年班选拔，面对录取率为 1% 的考试，全力以赴，最终成功被录取。过往的一切都是礼物，当时的失利，让我再次明白了为自己负责的含义。

我非常庆幸通过一次跑步的失利，让我深刻领悟到了我的人生我做主这个信念的珍贵。然而有一些人却没有这么幸运，往往要经受巨大的伤痛才能醒过来。

我的一位朋友从小就是乖乖女，按照父母的意愿结婚生子，但婚后她并不幸福，因为她在家庭中完全没有自己的地位，即便她的工资是先生的几倍，但依然得不到尊重。直到有一天，她因为一件小事，被公公推倒在地，被婆婆数落，她把这些告诉父母的时候，父母竟还要她好好听话，不要冲撞长辈。那一刻她彻底醒了，她发现这个世界上没有任何人可以帮助自己，即便是自己的亲生父母。从那一刻开始，她不再委屈自己，不再处处妥协退让，而是变得强硬起来，完全按照自己的内心想法来活，她开始报课学习升级自己的思维，又果断离职创业。她像换了一个人，也不再害怕离婚，因为她可以独当一面，她找回了自己的内在力量。这让我想到了俄罗斯大帝叶卡捷琳娜二世，在对丈夫彼得不再抱幻想后，她开始谋划自己的政治前途，最终带领孱弱的俄罗斯称霸欧洲，成为俄罗斯历史上唯一一位被冠以“大帝”之名的女皇。

如果爱不能唤醒你，那么生命就会用痛苦来唤醒你。如果痛苦不能唤醒你，那么生命就会用更大的痛苦来唤醒你，在无尽的生死和轮回里，不停息地来唤醒你，直到你醒来。我不希望你是被痛苦唤醒的，所以我坚定地要把这个信念是如何形成的告诉你。

第一步：植入“我的人生我做主”的信念

当你制订计划、确定目标、说出梦想前，先要问自己，我对我的人生百分百负责吗？如果答案不是，那么后面的计划、目标、梦想，你都无法做到全情投入，中途都有卡住的可能性。这就是为什么你明明已经很清晰了，知道自己想要什么，就是没办法行动起来的原因。因为你还是个“宝宝”，还指望着别人拯救，怎么可能实现自己的梦想呢。

请反复跟自己说：我为自己百分百负责，我为自己的梦想负责，我为自己的需要负责，我为自己的健康负责，我为自己的情绪负责，我为自己的一切负责。

遇到想要别人帮忙的时候，先想想这件事自己能不能干。想要指责别人的时候，先想想自己的问题出在哪里。遇到挑战、困难的时候，先想想自己可以做什么。

当你成为自己的主人，你就会有方法去做到。相信你的能力，你可以！

第二步：按下暂停键，看见自己是有选择的

遇到事情时，不要立马反应，而是先按下暂停键。如果你直接反应，很容易陷入旧有的模式里。比如说，有人邀请你喝咖啡，你不自觉就回应了“好的”。再比如，有人批评你，你

不自觉就开始“解释”，这都是应激反应。此时的你，并不是由自己做主，而是被习惯力控制。

当你停下来后，你会看到自己是有选择的，这是为自己做主的真正核心。当你看到可以选择 A 或者 B，甚至 C 时，你能看到不同选择背后的利弊，从而做出最有利自己的选择。

曾经有一个女孩，和男友相恋八年依然无法走入婚姻，她说：“我没有选择，我不知道该怎么办……”事实上，她有很多选择，可以继续恋爱关系，也可以选择放手，还可以选择主动出击进入婚姻……当你有了选择权，你就占据了主动地位，你的视野就不一样了。

第三步：敢于为自己的选择百分百负责

无论是全职妈妈，还是职场女强人，无论是上班打工族，还是创业老板，只要你敢于为自己的每一个选择百分百负责，敢于承担起这份生命的责任，你就是在为自己的人生做主。哪怕这个选择做错了，那又怎么样呢？人生没有绝对的对与错，塞翁失马焉知非福，一切都是最好的安排。

王尔德说，人生根本没有错误与正确，只有无趣与有趣。**我们来到这个世界上，不是为了过正确而无趣的一生，勇敢地去生活，去犯错，去跌倒，去胜利。**绝对的正确只是一种假象，世界本来就是漏洞百出的。当你担起生命的责任时，你可以冲破虚假而完美的世界，邂逅真正的浪漫与惊喜。

我们有两条人生道路可以选择：一条是将责任推给别人的人生，另一条则是自己做主的人生。也就是说，是要继续认为责任在别人，还是相信责任百分之百在自己。**如果你相信责任在自己，那么所有的事情都可以在你的掌控之中。**当你做到“我的人生我做主”时，你会走向更高自由度的人生，也能在山重水复疑无路的时候拿到柳暗花明又一村的升级密钥。

第 12 篇

学会借助他人的力量

他山之石，可以攻玉。

——《诗经·小雅·鹤鸣》

我的第二条动力信念是，借助他人的力量。这听起来跟“我的人生我做主”有点矛盾，其实不然。借助他人的力量并非要你依赖他人，而是要学会借别人的力从而让自己把一件事做得更好。就像你学会了开车，你就借助了车的力量，到达更远的地方；就像你在看这本书，也是在借助我的力量，让自己更加有智慧。

古希腊数学家阿基米德说，给我一个支点，我能撬动地球。他人的力量就是这个支点。我在初中的时候，就学会了这个方法，之后每每我想干成什么事，都会采用这个方法，如果你掌握了它，你将开启阿里巴巴的宝藏大门。

初中的时候，我在重点中学的少年班，我们班的学习速度极快无比。在初一的时候，我们已经预习完成了初中三年的课程内容。因为是自己预习的，效果无法保证，所以老师让我们上台当小老师，给同学们讲课。非常有幸，我也获得了这样讲课的机会。我当时并不会讲课，但也没有关系，就是把自己知道的分享出来。我记得每次我分享完，我都收获特别大，自己对知识点的概念更清楚了，学得更加明白了！从那之后，我开启了小老师模式，疯狂地帮助身边的同学，同学们只要有不懂的，就会来问我，我会非常热情地解答，因为这一个动作，我的成绩一下子从年级三十几名前进到了第五名。我的身边永远有同学来问问题，我也因此紧紧地团结了一批同学。

在这个例子里，你会看到，预习课本就是在借助他人的力量，如果不预习，我怎么能给自己的同学上课呢？而把自己知道的分享给同学，给同学答疑，也是在借助他人的力量，因为教是最好的学，在讲的过程中，我把自己给讲明白了。

美国学者、著名学习专家埃德加·戴尔于 1946 年首先发现并提出了学习金字塔模型。该模型认为，不同的学习方式导致的学习保持率是不同的。听讲、阅读、视听和演示都是被动学习，学习内容平均留存率均在 30% 及以下。而讨论、实践和教授他人是主动学习，尤其是教授他人的学习内容留存率可以达到 90%！

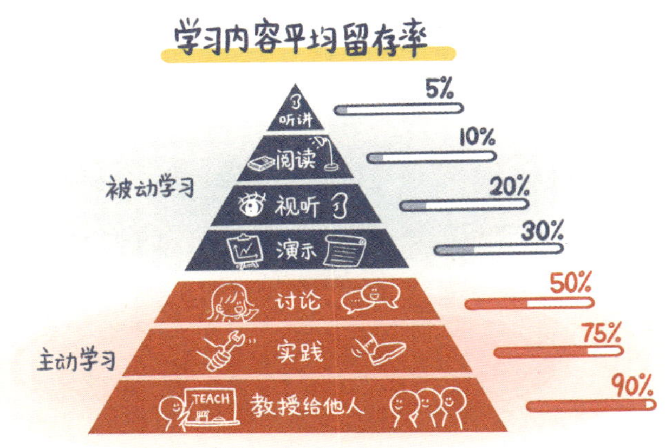

▲ 图 3-2　学习金字塔

当我在职场工作的时候，我也通过这个方法，轻松拿到了全国第一的好成绩。具体是怎么做的呢？每次需要做一个项目时，我会先请教领导、身边的前辈，询问之前有没有人做过同类的项目，是怎么做的，有没有过往的资料可以给我参考。其实在工作中，很多时候，我们都可以找到参考的内容。拿到资料后，我会仔细研读，并且询问他们当时的情况，尤其是数据结果，哪些动作特别有效果，哪些动作是无效的，自己心里会有个大概的预测。然后再开始设计我的项目流程，项目推进完成后，我会组织大家一起复盘，给我反馈，听取客户的建议，进行沉淀总结。最后总结完成后，我会把我的经验分享给全国同样岗位的同事们。

在这个过程里，我多次借助了他人的力量。首先在项目进行前的信息收集阶段，我借助了前辈的力量；接着是项目结束后，我积极听取客户和参与者的反馈，借助了他们的力量；最后把项目成果分享给跟我做同样事情的人，分享的过程中，我在进一步迭代优化自己，同时也是一次很好地提升个人影响力的机会。

当我们在借助他人的力量时，要秉承一个发心，那就是利他之心。因为有了利他之心，你自身的恐惧就缩小了。比如说，在前期请教学习的时候，我想的是要把这个事干好，能对社会有利，所以我不会担心别人怎么看我。再比如说，当我听取建议的时候，我不会认为建议是针对我的，是对我的否定，而是会理解成建议是对我的帮助，能够让我的工作做得更好，更能利益他人。有了利他之心，你会发现你其实是一根智慧的管道，智慧不是在你这里就结束了，而是经由你传播给更多的人，你会无保留地去分享。

所以说，借助他人的力量，并不是狭隘地利用他人，而是带着一颗利他之心，最终福泽也会回到他人身上。当然，这个过程中，自己也是受益者。爱出者爱返，福往者福来。

下面我们来看到底该如何借助他人的力量呢？我总结了一套方法论，它可以帮助你做成任何你想干的事。这套方法可以大大提高成功的效率。

第一步：学习探索

当你想要做什么事时，不要直接冲进去，不要立马就埋头苦干，而是要先去看有没有人已经干成了这件事。你可以询问你的老师、你的领导、你身边的牛人，还可以借助网络的力量，比如发朋友圈询问，去抖音、小红书等平台上搜索。

樊登老师曾讲过一句话，人生的诸多困惑，都可以从书本里找到答案。这句话没错，成功的人并不是个例。向已经取得结果的人学习，你就可以事半功倍。在学习探索的阶段，试着把自己放空，带着空杯的心态，去寻找成功模板。

第二步：教学分享

当你摸索了一段时间后，你会行动起来，有了行动就会有心得体会，这时候，你可以把自己的心得分享给需要的人。

我在产假期间，读了大量的育儿书籍。同时，我还把市面上的早教App和早教博主都研究了一遍，买了家长课程学习，学到了“家长大学研究生毕业”。因为学了很多，又是产假期间，时间富裕，我就建了一个妈妈群。群里面有六十多个人，这些妈妈们的孩子都差不多大小。我每天都会在群里分享宝宝游戏、分享阅读心得、分享我写的育儿文章。妈妈们读完也都受益很大，给了我许多正向反馈。后来，我产假结束回归岗位后，我负责的业务范围竟然神奇地扩展到了早教板块。

分享并不需要你已经很厉害了才能分享，而是你在前进，你在行动，你在思考就可以分享。分享不需要你是满分才可以分享，当你有三四十分时，就可以分享给那些零基础的，慢慢地，你就成了五六十分，再继续分享，你就会有了八九十分。分享并不是让你分享给你的老师和同学，而是分享给那些在这个领域暂时不如你的人，你要向上学，向下教。所以，找到一群人，勇敢地去分享，他们需要你。

第三步：感恩总结

当你做成一件事的时候，你需要去总结方法论。很多时候，人们很容易把成功只归因为自己的努力。当然，自己的努力一定是有的，同时还要看到他人在这个过程中起到的重要作用。在这个过程中，谁在哪一步帮到了你，谁对你有启发，谁刺激了你，他们都是你的贵人。你越往这个角度去总结，你越会发现，你能成功是别人希望你成功的结果。那些帮助过你的人，你都要去感谢他们，因为有了他们，你才能把这件事做得这么好！

在前面讲的分享育儿经验的故事里，我想要感谢的人有我的先生、宝宝，因为有了他们，我才能享受成为母亲的幸福；我想要感谢我的公婆、月嫂，让我没有后顾之忧，安心陪伴宝宝；我想要感谢写育儿书籍的作者们和研发早教产品的老师们，让我增长智慧，冷静应对宝宝的各种状况；我想要感谢信任我的新手妈妈们，在育儿之初，就愿意与我并肩同行；我还想要感谢我的领导，对我极度的欣赏与信任，让我挑战更广阔的领域。

没有人是活在真空里的。稻盛和夫先生说，**活着，就要感恩，对一切都要说“谢谢”。**

最后，我也要感谢自己，因为自己做对了动作，自己找对了人。这才是做成一件事情的闭环，学习探索、教学分享、感恩总结，经历三个阶段，最终圆满。

一个使者考察天堂和地狱。在地狱，他发现每个人手里都拿着一把一米长的勺子，勺子里装满了食物，但怎么也放不到自己的嘴里，饿得面黄肌瘦，不成人样。在天堂，他看到每个人手里也有一把长长的勺子，但每个人都红光满脸，因为他们用长勺子相互喂食。**所谓天堂，就是一群充满智慧的人，懂得利他与共赢，享受幸福快乐的生活。所谓地狱，就是一群自私自利、不懂分享的人，不知如何享用上帝赐予的鲜美肉汤。**我们生活在不分彼此、你中有我、我中有你的系统里，你想完成任何的事情，都可以借助他人的力量，成人达己。

第 13 篇

选择难走的路

人生最重要的是选择，选择什么，就会有什么样的生活。

—— 凡·高

陈美龄曾是和邓丽君齐名的歌手，她是斯坦福大学的博士生，同时还把自己的三个孩子都送进了斯坦福。在她的著作《50个教育法：我把三个儿子送入了斯坦福》一书中，令我印象最深的一句话是：迷茫的时候，选择最难走的路。

当她的孩子要考大学的时候，可以选择容易的路，考一个还可以的大学，也可以选择难走的路冲刺斯坦福，她问自己的孩子要选哪一条，孩子选了后者。她的孩子在自己的心中认定了目标，无论吃多少苦，都会努力，最终真的考进了斯坦福。

看到她讲的例子，我就开始搜寻自己有没有类似的经历，结果发现还挺多！当我在选择第一份工作的时候，可以选择一个容易进的单位，录取率 100%，也可以选择进一个录取率只有 3% 的单位，而我选择了难走的那条路。为了能够被录取，我拼尽了全力。成功入职后，也是全力以赴地投入工作，终于在十年间磨炼出来讲课能力、研发能力、招生能力、团队管理能力……如果当时的我选择了容易走的那条路，或许我会一直待在小机构里，人生平平无奇。

人生其实是由一个又一个选择组成的，当你站在十字路口时，选择难走的那条路，意味着不让自己待在舒适区，意味着挑战和突破。你之所以会迷茫，会纠结，说明这两条路都是你的能力能够得着的，只不过一个需要跳起来够，一个轻轻松松就可以做到。

如果有一条路，明显是难的，而且是高不可攀的，那也就不用纠结了。比如说，让我去当宇航员，那就不用想了，很难做到。所以，我们说的需要选择的路，都是在你的能力发展区的，既然在能力发展区，那么为什么不推自己一把呢？**一次又一次地推自己一把，就像一次又一次地攀登高峰，慢慢地，你就能走到山峰之巅，欣赏从未领略过的美景。**

有一位个人品牌行业的大咖，她从一个默默无闻的小透明，成长为顶流 IP，也是采取了这个方法。她在出版人生第一本书时，从来没有接受过写作的训练，写的文章也是一般般。当一位出版社编辑找到她，约她出书时，她想都没想就答应了。其实那个编辑当时是群发的信息，但只有她当真了，她认真对待，选择了挑战自己。第一次写书，她非常痛苦，但她坚持了下来，终于在合同快截止的时候交稿，并成功地出版了第一本书。这本书出来后，取得了很不错的反响。后面再有其他编辑约出书时，她也是一样，一口就答应，甚至有一次她并不知道自己还可以写什么，但她选择了那条难的路，把出版合同签了。在这样的情况下，她激发了自己的斗志，再次写出来一本超级畅销书，并且这本书一下子卖出了 30 多万本，火爆全网，让她的事业再上一层楼。之后的每一年，她都会出书，她不仅进化成了一位畅销书作家，还能教别人写作。这位老师对我说，她面对所有的机会，先不去想自己能不能做到，而是先答应下来，即便有难度，也会尽自己的全力去做到。就这样，她把自己活成了奇迹，活成了许多人心目中理想的模样。

成功的道路并不拥挤，每当你迷茫、纠结的时候，就选择难走的路，你也就不用犹豫了，可以快速干起来！当你在低谷时，你可以选择躺平，等待别人救援，等待一个好机会降临在自己头上，也可以选择在痛苦中去学习，去磨炼自己。哪个更难呢？当然是后者。如果选择前者，你不知道什么时候现状才会改变，很有可能温水煮青蛙，等你想改变的时候，已经无力回天。而如果选择后者，你就选择了主动出击，选择了自己去刻意改变现状，你的人生之路会越走越宽。

古典老师在给 30 岁的自己提的建议里，也提到和分析了这一点，我们的大脑本身是懒惰的，那为什么还要去考虑那条难走的路呢？说明那条路背后隐藏着巨大的价值。所以，这个时候你要果断去选择它！

这里我再给大家讲一个故事。我有一位学员，她经历了非常难的事情，状态十分糟糕，在这种情况下，她原本可以选择轻松一点，让自己出去散散心，停下来休息休息，可是，她没有这样做。相反，她选择了难走的那条路，在最艰难的时刻，选择写小说，结果她奇迹般地在两个月内写出了十万字，成为豆瓣签约作者。她说，她在写作的过程中疗愈了自己，走出了至暗时刻。

司马迁就是在忍辱负重的情况下写出了《史记》，如果当时他选择做容易的事，我们也就看不到这么经典的作品，也不会记住他了。**面对一件事，无非就是两种选择，要么做，要么不做。而做一件难的事和做一件容易的事，显然做难的事能够带来更大的好处。**

当你迷茫时，请毫不犹豫地选择难走的那条路。因为当你做好了决定，你就会去实现它。现在邀请你来写下，此刻你自己犹豫的两个选择，我们一起来分析。

选择 1:	好处:	挑战:
选择 2:	好处:	挑战:

心理学中有个现象叫自我实现预言，它是指我们会不自觉地按照已知的预言来行事，最终使预言发生，也就是说，我们总会在不经意间使自己的预言成为现实。所以，不要害怕选择难走的路，坚定地走下去吧！

第 14 篇

越努力，越幸运

哪里有天才，我不过是把别人喝咖啡的工夫，都用在工作上了。

—— 鲁迅

曾经有一个记者问世界著名篮球运动员科比成功的秘诀，出人意料的是，科比反问道："你见过凌晨四点的洛杉矶吗？"他的经历告诉我们，**成功哪有什么秘诀，努力坚持，永不言弃，才是王道，因为越努力越幸运。**尽管科比离开了我们，但他的传奇永不落幕。

什么是越努力越幸运呢？

第一层含义是越努力就意味着你付出的行动越多，行动后自然会得到反馈和结果，这是很幸运的。第二层含义是努力的程度，很多人在努力的时候，在行动的时候，只是做了，但没有全力以赴地去做。做了和做好是两码事，当你心里想着越努力越幸运，你就会去做好，全力以赴地去做，你的结果就会是最好的。第三层含义是当你在努力的过程中，你的能力是在不断提升的，无论结果是怎样的，你都赚到了。

我从一个毫无上课经验的小白到可以自信地给上万人讲课，就是靠越努力越幸运这个信念支撑着自己。我记得刚刚走上讲台时，我是被别人轰下台的，演讲讲得乱七八糟，学生不愿意听，连纪律都是别人帮忙管着，现场的学生们像一锅沸腾了的汤圆，上蹿下跳。虽然很挫败，但我没有放弃自己，反而拼命练习。我积极参与备课，虚心听课，同样的课，我会去观摩好几个不同的老师怎么上，学习他们身上不同的优点，迁移到自己身上来。日积月累，我的上课水平就提高了。即便教书已经是第十三个年头了，我依然在精进自己的上课功力，因为越努力越幸运。

我在职场时经常要举办亲子活动，在做一个活动时，我会查阅很多的资料，拿出了做论文的架势，去查阅外国文献，去请教博士师姐，去看最新的研究进展，从而来设计自己的活动。很多人都会觉得不可思议，一个活动而已，来的人开心就行，有点收获就可以，没有必要这么花心思去做。但我的想法不同，我办的不仅仅是活动，而是借由活动让参加的人感受到我的专业与用心，借由活动让自己紧跟国际前沿，提升我的水平。我是乐在其中的，非常享受自己的工作。活动结束后，我会迭代升级，沉淀分享。即便是同样的活动，在下一次举办时我也会不断优化，精益求精，因为越努力越幸运。

越努力越幸运背后的底层逻辑是成长型思维，你相信你的大脑是可以重新塑造的，你相信你的智商是可以提高的，你相信自我是可以成长的，你相信你的能力是可以发展的。当你来到一个新的领域时，你不会害怕失败，失败了说明自己努力得还不够，继续努力就好。你成功了，你不会稀里糊涂，而是能够看到自己付出的努力，肯定和奖励自己，找到自己成事的路径，再接再厉。

我在生孩子之前，是一个投资小白，银行卡是交给先生保管的。因为孩子，我觉醒了，想要给孩子创造好的生活环境，于是决心好好学习理财投资。因为有越努力越幸运这个信念支撑，所以我一点也不惧怕这项新事物，也不内耗自己，不觉得自己开始得晚，不觉得自己是女生就不适合，而是疯狂地听课学习，拜访银行理财经理，勇敢地去实践，积极和先生交流分享，就这样一点一点学会了，家庭资产也有了质的飞跃。这个信念对我的帮助是极大的。那我们该如何建立起这种信念呢？

第一步：接纳大脑的可塑性

大脑可塑性是指由于经验原因引起的大脑的结构改变，用进废退，经常使用它，大脑会越来越灵活，反之就会退化。大脑由神经元细胞和神经胶质细胞构成，这些细胞互相连接，通过加强或削弱这些连接，大脑的结构可以发生改变。

20 世纪 60 年代，约翰斯·霍普金斯大学的两位科学家休伯和威塞尔发现非常年幼的动物大脑有可塑性，同时发现大脑有关键期：在 3 ～ 8 周，一只初生的小猫在这期间内一定要接受视觉刺激才会正常地发展。在关键期的实验中，休伯和威塞尔把小猫的一只眼睛缝起来，这只眼睛没办法接收到任何视觉刺激，过了关键期之后，给小猫的眼睛拆线。他们发现这只眼睛本身是好的，由于视觉皮质本来应该处理这只眼睛送进来的信息的地方没有发展，所以这只眼睛就一辈子看不见了。但他们发现了一个没有想到的大脑可塑性：没有信息进来的那个大脑区域并没有在那儿闲着没事干，它转去处理看得见的那只眼睛送进来的信息，这似乎是大脑不愿意浪费任何可用的地方，它重新建构了神经回路。因为这些研究，休伯和威塞尔拿到了诺贝尔生理学或医学奖。

我们常常说，上帝给你关了一扇门，必然会给你打开一扇窗。

第二步：自我觉察是为了证明自己，还是为了提高自己

如果你是为了证明自己，那你就不敢去尝试新事物，你会害怕失败，因为失败了就证明自己不好，自己不行。反过来，如果你是为了提高自己，那你就会虚心学习，敢于尝试新事物，不惧怕失败。

我有一个学员打算开发一个养生产品，如果是为了证明自己，她会迫不及待地去报喜，去社群里求关注，希望得到别人的夸奖和肯定，别人提点意见就生气发怒。如果是为了提高自己，她就会踏踏实实地打磨产品，虚心地收集产品反馈，不断精进自己的产品能力和营销能力。

当你要做一件事时，用这样的句子来问自己：如果我要提高自己，我会怎么做？**斯坦福大学教授卡罗尔·德韦克说，改变也许艰难，却从未有人说过不值得。**的确，改变是一件非常困难甚至痛苦的事，我们多年来已经形成的固有模式常常会阻碍这些改变，但是我坚信，每个人都有一颗想要变得更好的心，只要有决心，没有什么不可能。因为，成长是一辈子的事，无关年龄。

第三步：先完成，再完美

如果你面前有一片汪洋大海，我要你把所有的海水全部喝掉，你是不是觉得我疯了？事实上，很多人常常在这样要求自己。要求自己把所有的书都看完，要求自己把所有的课都学完，要求自己在所有的领域都做到最好，要求自己是个完美的人，这跟要求自己把大海喝掉有什么区别呢？

世界上没有完美的人，也没有完美的事。当你陷入完美主义的时候，无异于把自己扔到沼泽地里，白白消耗自己的能量。完美主义背后的信念就是想要证明自己，是在求认可。

不要管别人怎么看你，因为他们根本没有看你。

当你要做一件事时，在心里默念：先完成，再完美。先完成，再完美，这是因为做的过程中，你会不断提高，你会因为行动而得到外界的反馈，这些反馈会帮助你调整行为，周而复始，你会做得越来越好。

先完成再完美的行动，会不断强化你的信念，让你看到越努力越幸运。我刚开始创业的时候，一个人没有团队，宣传海报非常粗糙，我忍受着不好看的海报，坚定地宣传，很快就有了第一期的读书会，而它开启了我新的人生旅程，我开始了一边旅行一边线上教学。如果不是想着先完成再完美，我永远都无法开启个人品牌的创业之旅，而我的世界环游之旅更是遥遥无期。从那之后，每次有不如意的地方，我都告诉自己，先干了再说，后面再优化迭代。

最后，我还想要补充一点，那就是关于努力，市面上有一种说法，叫轻松喜悦工作，不需要很努力。很多人会简单地理解成，不用努力就能过上理想的生活。其实这是错误的。什么叫轻松喜悦工作呢？什么情况下才能轻松喜悦工作呢？那就是当你找到真正喜爱的工作时，你很喜欢，很擅长，你做着自然就不累了，这个时候确实不需要很努力，你就能做得特别好。所以说，不能断章取义，没有谁是随随便便就成功的，只是你没有看到而已。

让我们拥抱努力，努力地生活，努力地绽放，努力地爱自己，越努力越幸运！

第 15 篇

十个梦想不如一个行动

梦想一旦被付诸行动，就会变得神圣。

——阿·安·普罗克特

在现实生活中，我见到很多人想法很多，但迟迟无法行动，陷入无尽的内耗中。针对这种情况，一定要树立一个动力信念，那就是十个梦想不如一个行动。在这个信念指导下，我完成了一家四口环游中国的壮举。也因为这个信念，我成功唤醒了许许多多的学员。

其实这句话是我的一位老师讲的，第一次听到的时候，它就十分打动我。当时我刚刚下定决心从工作了十年的单位离职，去实现环游中国的梦想，是这句话坚定了我的信心。面对熟悉喜爱的工作环境，简单舒适的人际关系，高薪高认可的工作价值，我为何会突然决定离职呢？这是很多人好奇的问题。但做出这个决定，我只花了两分钟。我的考虑主要有三个原因：

第一个原因是，当我站在重庆的万家灯火地标前，我看到黑暗中的星光点点，想起父亲突然脑出血的事件，切实地体会到生命的无常。世界上最爱我的人倒下了，他用自己的生命在呼唤我醒来，去追求内心的渴望。环游世界一直就是我的梦想，那一刻，它在向我招手。

第二个原因是，孩子在长大，当时我的孩子快三岁了，留给我的自由移动时间只剩下三年。我们常常以为以后还有机会，以后还有时间，其实不然。孩子的生长就像一把刻度尺，在提醒我，赶紧行动，不要再等。

第三个原因是，我想换一种不同的人生活法。过去的十年非常精彩，有许多美好的回忆，我也创造了许多社会价值。然而，**人生是旷野，不是轨道。你可以自由奔跑，也可以按部就班。**当我看到年过五十的苏敏阿姨，一个人自驾游中国，我的内心被震撼到了，老阿姨都可以，我为什么不行？不，我也可以！我也可以换一种活法！就这样，我花了一分钟做了一个决定，环游中国！再花了一分钟告诉先生，没想到他一听就答应了！

十个梦想不如一个行动，就这样，我们开干了。实现梦想的路上并非一帆风顺，从做决定开始，接着列出行动计划，固定每周时间碰头推进，中间遇到了困难坎坷，甚至还有争吵。每每如此，我就会想象梦想实现后的美好画面——我们开着车在崇山峻岭间自由穿梭，我们手拉手在广阔的草原上奔跑，我们站在铺满金色阳光的雪山脚下……想到这些，又充满了动力。然后我问自己，十个梦想不如一个行动，我现在可以做什么？就这样，我们做好了路线规划、买了新车、顺利离职、解约线下工作室、开始线上创业、重新规划孩子的学习、照顾孩子的人员安排……一步一步地推进，终于半年后，我们出门了！

梦想是非常珍贵的，它是你独一无二的宝贝。每个人都有追求梦想的权利。你要敢于拥有自己的梦想，敢做大大小小的梦，如果连想都不敢想，你又怎么可能实现梦想呢？你或许要问如何让自己拥有源源不断的梦想呢？答案其实很简单。请你准备一段安静的时间、一个舒适的空间、一张白纸和笔，然后开始把你能想到的梦想全部写下来！

一共写 101 个梦想，梦想可大可小，只要是你心里想到的都通通写下来！如果卡住了，不要紧，停一会儿继续写，相信你又会冒出新的梦想。这是一段非常有趣的旅程，写完你会有巨大的发现。

1. 我有百亿财富
2. 我有健康的身体
3. 我有美丽的体形
4. 我有小城堡
5. 我有疗愈空间
6. 我有六家公司
7. 我有私家园林
8. 我有同频的伴侣
9. 我有良好的睡眠
10. 我有博士学位
11. 我在环游世界
12. 参加游学
13. 参加正念实修课程
14. 有百万学员
15. 全网千万粉丝
16. 有人陪我看剧
17. 去 KTV 唱歌
18. 大醉一场
19. 坐热气球
20. 到鲁迅文学院进修
21. 开一场个人演唱会
22. 开摄影展
23. 参加 TED 演讲
24. 小说拍成影视
25. 寺庙闭关七天
26. 徒步
27. 沙漠行走 108 千米
28. 看流星雨
29. 看一朵花开
30. 在屋顶数星星
31. 捉萤火虫
32. 为爸妈做一顿饭
33. 带爸妈去北京
34. 给爸爸治疗
35. 给爸妈买套房
36. 为爸爸写书
37. 拍全家福
38. 学习骑马
39. 学习潜水

40. 学习佛法
41. 学习唱歌
42. 学习跳舞
43. 学习摄影
44. 学习家庭配置
45. 学习花艺
46. 学习种菜
47. 学习化妆
48. 学习穿搭
49. 学习书法
50. 学习养生
51. 成立公益基金平台
52. 出版诗集
53. 有一个花园
54. 有一个菜园子
55. 读《小王子》
56. 到马尔克斯的故乡
57. 打卡上海网红书店
58. 打卡上海美食
59. 看一场夜场电影
60. 去迪士尼看烟花秀
61. 去黑城看《燃烧》
62. 学瑜伽
63. 学回溯沟通
64. 生三个娃
65. 写家书
66. 帮助家族振兴
67. 整理旅行作品集
68. 每月进行禅修
69. 在印度旅居半年
70. 英语流畅交流
71. 学一门乐器
72. 有三五个蜜友
73. 为妈妈办摄影展
74. 活到一百岁
75. 采访 100 位牛人
76. 学习装修
77. 投资一部电影

78. 去一次外太空
79. 发明一个物品改变世界
80. 捐助 100 所学校图书馆
81. 回母校演讲
82. 捐助母校一幢楼
83. 为村里贡献一份力
84. 和从小到大的老师见面
85. 捐助 100 所儿童福利院
86. 捐助 100 名贫困儿童
87. 做临终关怀义工一年
88. 有一门课开到 100 期
89. 学习画画
90. 家人健康平安
91. 能跳几支舞蹈
92. 能弹几首曲子
93. 能烧几道拿手好菜
94. 看 100 部经典电影
95. 找到一本生命之书
96. 学习王阳明
97. 帮助流浪猫、流浪狗
98. 优化资产配置
99. 和朋友深度交流
100. 常常喜乐
101. 获得国际大奖

当你写完后，你会被扩容，你会发现自己在哪几个领域的梦想是特别多的，比如说拥有什么、学习什么、吃什么、玩什么、做什么样的公益、和家人一起做什么……你写得多的类别，就是你特别喜欢的方向，可以生长出你的很多梦想。

比如说，我写了许多学习方面的，因为我特别爱学习，享受学习的状态，喜欢学习新技能时的自己，那么我就可以在学习上不断生长出新的梦想来充实自己。再比如有一位顾家的爸爸，写了很多和孩子一起做的事，说明他很爱孩子，那么就可以顺着这个角度挖掘出更多的梦想。

这么多个梦想，到底该先实现哪个呢？

我再给你分享一个好用的工具，这是我在一次飞往西班牙的路上获得的灵感。当时我们的飞机在飞了一个小时后突然剧烈摇晃，似乎要发生意外事件，那一刻，我拉着爱人的手，内心冒出来一个念头，那就是我还有事情没有完成，我不想就这样离开。那件事就是环游世界，虽然面对死亡没有惧怕，心中却仍有一丝遗憾。

现在我邀请你写出自己的遗憾清单。想象你在一架飞机上，飞机即将撞向地面，在那一刻，你还有什么遗憾？你最遗憾的是什么事？第二遗憾的是什么？第三遗憾的是什么？写出前三个，就够了。

1 最遗憾的事

2 第二遗憾的事

3 第三遗憾的事

行动永远都是最重要的，没有实际的行动，你就只能待在空想的状态，就算怀里抱着一份世界上最了不起的计划，也是纸上谈兵，最终一事无成。

第一步：确定好首要实现的梦想是什么

一定要先选择你最想要实现的梦想，因为它占领你人生战略的首位。梦想越清晰，你越有力量。

请注意在实现梦想的时候，要逐个进行，实现完一个再进行下一个。这样能提高我们的成功率。也要意识到，你的梦想是你的，只有你能实现它，不要把自己的梦想嫁接给任何人。

第二步：落地梦想实现的路径

你可以先去找到已经实现了跟你有相同梦想的人，参考他们是怎么做的。在社交媒体上搜索，你会发现有人已经实现了这样的梦想，他们正在过着你梦想中的生活，他们就是未来的你。一个成功的人，就是去过自己梦想生活的人。我的梦想是环游世界，我就会去观看旅行博主们的视频，关于旅行的路线、签证问题、语言问题、资金问题等疑惑，都已在那里找到答案。

幸运的话，你还可以找到现实生活中已经做到的人，那就更简单了，直接当面请教。千万不要自己瞎琢磨，因为你会盲目地生发出问题，却没有答案来解决问题，这会大大地打击自己！一定要去找到人，找到已经干成的人！这是落地梦想的关键秘诀！

第三步：实现梦想的路上要解决经济问题

很多人会觉得实现梦想，需要花很多钱，需要等到财务自由后才能去实现。事实并非如此，我的一位老师带着 10 万元人民币走遍了 73 个国家，50 岁的苏敏阿姨兜里揣着 2000 元开启了环游中国之旅。你的梦想，真的需要很多钱才能实现吗？其实不是梦想需要很多钱，而是你的贪念和恐惧让你感觉你需要很多钱。你想要成为小说家，那只要纸笔就够了。你想要成为画家，那只要去画就够了。要彻底解决个人思维的问题，该怎么做呢？

你需要问自己，自己这一生是去围绕自己的梦想而活，还是围绕金钱而活？万物有灵，你最珍贵，生而为人，是最大的奇迹。当你选择了梦想，并不意味着要放弃金钱，二者不是对立的。而是说，我们要在这个过程中放下对于金钱的贪婪和恐惧，去看见和感恩自己所拥有的一切。当你看见自己的充裕和丰盛时，你会更容易放下。记住，丰盛吸引丰盛，匮乏吸引匮乏。

著名的漫画家蔡志忠先生以画画为梦想，当他赚到 220 万和三套房子的时候，他果断关闭了自己的漫画公司，对外宣布，从今以后，时间全部归自己，自己只为画画而活。

文案天后李欣频老师说她是这样安排自己的生活的，每年有两个月的时间疯狂接工作赚钱，剩下十个月都用来干自己喜欢的事，可以不用有任何收入。

他们都是彻底绽放出自己的天赋，真正活在梦想里的人。在他们身上，你会看到，他们会脚踏实地地解决金钱问题，同时也会仰望星空勇敢追求自己的梦想。最终，他们的梦想让财富源源不断地顺流而来。

如果你的经济问题阻碍了你的脚步，那就面对实际困难，好好赚钱，就像蔡志忠先生那样。但不要沉迷进去，忘却了自己真正想要走的路。如果你其实已经拥有了一定的财力，或者你的梦想花不了什么钱，那就直奔主题，直接朝着梦想的方向前进，不要再浪费生命。

一张地图，无论它绘制得多么详细，比例尺多么精密，也不能让人在地面上移动哪怕是一寸，你也不能体验到真实的风光。一本教人成功的书，就算读上一百遍，你也只有踏踏实实地去行动，才能使计划变成鲜活的强大力量。十个梦想不如一个行动，敢行动，梦想才生动！勇气是最大的才华，勇敢去追梦吧！

第四章

阻力信念篇

第 16 篇

小心阻碍你
前进的阻力信念

生命不等于是呼吸，生命是活动。

—— 卢梭

在第三章我们讲了如何创建支持自己的动力信念，这就好比给我们这辆车加满了油。但在我们的人生中，也充满了许多的阻力信念，它们像重重的链条死死地捆住自己，阻碍我们前进。所以这一章，我将告诉大家如何给自己松绑，如何打开自己的封印。

小欢是个非常优秀的女孩，个人能力特别强，然而，当她离职出来创业时，却怎么也赚不到钱。后来有一次我们聊天时，我发现她原来有一段伤心的情感经历，而这段经历成为让她无法赚钱的阻碍。她和一位富家公子谈了七年的恋爱，却由于对方家庭的原因被迫分手，分手后，她就萎靡不振，再也提不起来赚钱的兴趣。因为在她内心里生发出来了一个信念：有钱人不是好人。

这个信念阻碍了她，让她的潜意识开始排斥赚钱的事。你看，这就是阻力信念。

信念可以成就你，也可以阻碍你。就像水可载舟，亦可覆舟。发现并且拔除阻力信念，是你踏上心灵自由之路的开始。

有一头大象静静地站在园子里，只用一根细细的绳子拴着，这样一头庞然大物，既没有枷锁锁着也没有栅栏围着，想要挣脱细绳是轻而易举的事。但是大象就静静地站在那儿，它为什么不逃跑呢？因为大象很小的时候，管理员就用这根绳子把它拴上了。现在它虽然长大了，但已经确信那根绳子足以拴住它，所以即便自身条件已经发生变化，但它再也没有想过要逃跑。拴住大象的不是绳子，而是它的“信念”！阻力信念就像一根无形的缰绳，时时牵引着我们。

阻力信念是如何形成的呢？

经验

有很多阻力信念源于过去的创伤经历，有一句古话叫：一朝被蛇咬，十年怕井绳。

有一个著名的心理学实验——小阿尔伯特实验，实验对象是一个叫阿尔伯特的九个月大的婴儿。一开始小阿尔伯特对于毛茸茸的玩具没有任何恐惧，但后来实验人员在他接触毛绒玩具时在他耳边敲出巨大的响声，把他吓得哇哇大哭。这样操作几次后，阿尔伯特只要见到毛茸茸的玩具就会十分害怕，而且直到他长大。

在这个实验中，阿尔伯特形成了一个信念，见到毛茸茸的玩具就会出现可怕的响声，所以他不再碰毛茸茸的物品，以此来保护自己。

当时这个信念是为了保护自己而产生的，然而当我们长大后，环境变了，我们自身也变了，这个信念就不一定成立了，根据过去经验形成的信念未必适合现在的局面。

教育

有一些信念来源于教育：父母的教育、学校的教育等。

有一位985院校毕业的研究生，她的专业能力非常突出，常常在教学比赛中获得全区甚至全市的奖项，她在自己的行业也属于佼佼者。然而，她的父母思想非常老套，常常跟她说，外面的世界非常凶险，千万不要丢了铁饭碗，一定要老老实实地在体制内干。所以，她即便能力极其出众，即便很想要尝试自由职业，但每当想起父母的话，她就退缩了。最终，她带着不甘心在体制内干了十几年，现在依然在煎熬中。**煎熬她的是想要飞出去的好奇心和对外面世界的恐惧。阻力信念像一块石头，死死地拖住了她前进的脚步，消耗她的体力和心力。**

你有没有遇到过这样的人：他们在生活中，在工作中要求自己完美主义，不容许自己犯一点点错，不允许自己有一点点的失败？

这样的信念从何而来呢？从我们小时候的教育里来。我们做卷子的时候，所有题目都要做出来。我们考试的时候，就想得到100分。可是，人生不是一场考试，没有标准答案，上面的题目永远也做不完。

人生是一场体验，一场出现问题、解决问题的修炼道场。

三个方法助你觉察阻力信念

方法一：顺着情绪走

情绪是觉察信念的桥梁，当你想要做一件事，却感到恐惧、焦虑、不安时，说明背后隐藏着阻力信念。现在我们来一步一步找到它。

- 先想一件近期令你感到不舒服的事，或者你想做却卡住的事。
- 想到这件事，你的心情 / 感受是怎么样的？可参考下面的情绪词语表。

表 4-1　情绪词语表

难过	焦虑	无力	抑郁
伤心	恐惧	生气	悲伤
忧愁	愤怒	内疚	羞愧
厌恶	屈辱	委屈	绝望
懊恼	悔恨	无奈	悲痛

- 这个情绪背后的念头 / 想法是什么样的？你感到……（情绪词），是因为……

当说出这些想法的时候，你会看到，其实很多想法都经不起推敲，然而正是它们捆绑住了你。

方法二：和榜样对比

你的身边一定有这样的人物存在，他事业成功、家庭幸福、孩子乖巧，各方面都十分优秀。邀请你列一份优秀人士清单。当你写下他们的名字后，不要去嫉妒对方，而是想办法去向他们学习成功的路径，看他们是怎么思考的、怎么取得成功的。

《有钱人想的和你不一样》这本书中就淋漓尽致地展现了这一点。有钱人和穷人在面对同一件事时，思维方式完全不一样。

比如，有钱人相信我创造我的人生，而穷人相信人生发生在我身上。

比如，有钱人专注于机会，而穷人专注于障碍。

比如，有钱人选择根据结果拿酬劳，而穷人选择根据时间拿报酬。

所以说，想法不同，行为也就不同，自然结果跟着不同了。

孔子说，三人行必有我师。当你和优秀人士交往时，你可以去请教对方，在一件事上的观点是什么样，他是如何考虑的。不仅要看他怎么做，还要问他是怎么想的。同时向自己发问，这件事我是怎么想的，找到其中的差别，这里或许就埋藏着你的阻力信念。

我有一位朋友小安，我们在一次交流时，我发现她对一位特别知名的老师有不满情绪，我就追问起来，发现是曾经有人说过那位知名老师的坏话，所以她被“污染”了。非常巧合的是，我其实也听到过类似的坏话，但我依然非常尊敬那位老师，并没有受污染。于是我们一起深究探寻，发现她心里有一个阻力信念，那就是：只要是为人师表，就要做到人人喜欢，人人满意。所以她只要听到一句坏话，就会给对方贴上不好的标签。

当我告诉她，我对待坏话不是这样的，因为人无完人，不可能存在完美的人，也不可能存在人人都喜欢的人。而且，人和人是讲究缘分的，有一些人是好人，却也可能无法相互吸引。所以我不在意别人怎么去评价他人，我会自己用眼睛看，自己用心去体会。从那以后，小安也逐步摆脱旧有模式，也不再轻易地受别人的影响了。

找到你的各个维度的人生榜样，靠近他们，学习他们性感的大脑如何思考，你一定会受益良多。

方法三：找一位教练对谈

曾经的世界首富比尔·盖茨在 TED 演讲时说，每个人都需要一个教练。当你被一个问题反复控制，遇到这个问题就好像无解了，就会引起轩然大波，这样的问题背后，一定藏着阻力信念。单单靠你自己的能力是不够的，你需要找到外援，那就是教练。教练是那个通过提问，引导你向内探索的人。他们就像地雷专家一样，可以精准地帮你排查到地雷在哪里，然后拆除掉对你有致命影响的地雷。

我有一位朋友阿力，有一次他的孩子不小心弄坏了他的一个小茶杯，他暴跳如雷，虽然平时很爱孩子，却控制不住情绪地朝孩子发脾气。于是，他找到自己的教练，经过对谈后发现，原来在他小时候，他的爸爸当着他的面掐死了一只他喜欢的小青蛙。当孩子摔坏他心爱的茶杯时，他立刻进入了小时候的场景里，当年没有发泄出来的委屈、愤怒通通向他涌来。隐藏在背后的阻力信念也被挖掘了出来，那就是——我不重要，我的东西可以被任意践踏。当他看到这个信念时，他恍然大悟。之后再次遇到类似的情况，他就可以冷静地处理了。

从现在开始，每天觉察自己，更有觉知地生活在当下，和自己的心连接，用更积极的心态面对生活。在日常生活中，常常困住大家的有三大阻力信念：第一个是我不行，第二个是我不配，第三个是我没有准备好。接下来的内容我会带领你逐个突破它们。

第 17 篇

我不行，怎么办

没有人事先了解自己到底有多大的力量，直到他试过以后才知道。

——歌德

在我们的一生中，我们会面临各种各样的指标：婴幼儿时，身高和体重是衡量我们成长水平的指标；在学校里，考试成绩是衡量我们学习效果的指标；工作后，职位和薪资是衡量我们工作能力的指标……正是因为有了这些指标，每个人和身边的人可以互为参照。**“我不行”的念头由此滋生，它一旦出现，就会像一个手段高明的小偷，在你毫无觉察的情况下，偷走你的能量。**

邀请你来做个小测试，请你根据第一反应来回答。

当你看到别人做出成绩的时候，通常会怎样想呢？

选择1：哼，这有什么了不起的，这肯定是假的，骗人的。

选择2：哇，好羡慕他啊，他真厉害！

选择3：太好了，他可以做到，我也可以！

选择1的人，通常是喜欢去否定别人的人，给别人泼冷水的人。在否定别人的同时，其实更可悲的是，他也限制了自己，把自己通往成功的通道给关闭了。

选择3的人，是最容易成事的，因为你既相信他人，也相信自己。你之所见，离你不远。这里的见，不仅仅是眼睛看见，而是心里的看见，你能看见人生更大的可能性。

选择2的人，看起来不错，其实背后隐藏着一条深深的阻力信念，那就是别人行我不行。

为什么会相信别人行，我却不行呢？本质上是不自信。

我们先来看一下，为什么不自信？回到小时候，我们刚出生的时候，会不会不自信呢？不会。那时候的我们没有“我”的概念，物我是一体的。渐渐地，我们开始有了我和外界的界限，知道了我是我，别人是别人。这时候我们开始接收到大人的评价，我是一个什么样的小孩，逐步形成自我。这个阶段通常在 2 岁就开始了，要到 10 岁才基本定型，形成一个认知——我是一个什么样的人。

那么，在这个年龄段，如果你接收到的总是批评、指责或者忽略，那么就很容易不自信，觉得自己不够好。

（1）如果你接收到的是比较，把你和别人比，也容易形成不自信，因为你不是完美的，肯定会有比别人差的地方。

（2）如果你经常收到的是结果的评价，比如你太棒了，你太聪明了，而缺乏对于过程的关注，也会形成不自信，因为结果很多时候是不可控的。

（3）如果你长期处于落后状态，尤其是小学阶段的学习成绩靠后，不自信的概率就很大了。所以我倡导的是，孩子从小要好好学习，在学习上保持中上等，让他们有自信。

以上是常见的导致孩子不自信的原因，随着我们慢慢长大，就有更多的因素会影响到你。比如，领导的不认可、长辈的不认可……

心理学研究表明，一个孩子成长的过程中，至少需要 5000 次的肯定和赞美。哲学家詹姆士曾精辟地指出，人类本质中最殷切的需求就是渴望被肯定与赞美。每个人都需要被肯定与赞美，唯有肯定与赞美，才能走进对方心里，被对方接纳。相反，如果处处给予否定与斥责，只能被人拒于千里之外。

为什么要相信自己呢？我们来看看它的好处。

相信自己的人，幸福感高；相信自己的人，敢于去尝试和挑战新事物；相信自己的人，更容易被关注，因为他们像一颗闪闪发光的钻石；相信自己的人，更有影响力，因为他们对自己的观点非常笃定；相信自己的人，更容易聚焦在自己的目标上，不容易被他人干扰。相信自己给我们带来的好处太多了，自信比黄金贵百倍。

四个方法帮你破除“我不行”

方法一：做镜子练习

每天早上起床，对着镜子里的自己说：“×××，我爱你。”“×××，你真棒。”“×××，你值得。”“×××，你的存在就是100分。”这些都是积极的自我暗示。在这个过程中，这些语言会进入潜意识层面，让你越来越认可自己。

《镜子练习》的作者是露易丝·贺，她被誉为“自我疗愈界的第一夫人”。三十多年来，她通过演讲和写书帮助世界各地的人发掘自身拥有的个人成长与自我疗愈的力量，让人可以全然发挥这股潜力。

镜子练习，是一项强大的自我疗愈工具，是让你学会爱自己的练习。镜子能够反映出你对自己的感觉。镜子能让你立刻觉察到自己在抗拒什么，又有哪些地方保持着开放、愿意接受的态度。在镜子练习中，你将学会更深层次地照顾自己。生活中有好事发生时，你可以走到镜子前面说："谢谢你，谢谢你。这实在太棒了。谢谢你做了这件事。"若发生了坏事，你也可以走到镜子前面说："没事的，我爱你。刚刚发生的这件事会过去的，但我爱你，永远爱你。"**镜子练习可以帮助你建立生命中最重要的一段关系——你与自己的关系。**

我有一个学员阳光，我们一开始交流的时候，她就批评自己，说了很多自己不好的地方。我对她说，你在我面前，不可以自我批评，只能夸自己，回去每天做镜子练习。从那之后，她也有两次批评自己的情况，但马上意识到不对，立马改正。再后来，她完全变了一个人，在遇到特别恶劣的情况时，她能非常冷静地处理好，也不再批评自己，越来越自信，就像换了个人。她说，是镜子练习帮助了她，让她度过了生命中的难关，让她活了过来。

别人给不了你的，让你的镜子给自己，镜子里的是你的知己，他会一直陪伴在你身边。唯有自己，才是最该在乎自己的人！

方法二：看收获，看正面

当我们做完一件事复盘的时候，很容易去看自己哪里做得不够好，看哪里需要改进。我会建议，去看自己哪里做得好，去想自己有哪些收获，只要你的关注点在正面，你一定会有收获。

有一次我参加一个活动，有一个同学没有投入进去，老师问大家有什么收获，结果那个同学说她没有收获。这时候，老师就让她先听一听别人的收获再来分享。结果神奇的事发生了，当大家分享完后，轮到她说的时候，她发现原来她其实也很有收获，因为前面同学讲的感受她也有，只是她没有在意那些收获。她让我想到，每个人对于收获的定义是不同的，对收获的觉察力也是不同的，我们需要刻意去捕捉自己的收获，细细品味，提炼总结。这些收获会让你做的事更有意义，会给你更多的信心，就像是一颗颗珍珠，让你的“自我”更加闪亮。一个能够常常看到收获的人，不需要做很多事，就可以领悟到大智慧；而一个不断自我评判，看不到收获的人，不停在忙碌，却总是两手空空。

收获感，是对自己投入时间最起码的尊重。所以说，刻意练习捕捉收获，见微知著，让“我”越来越可以！

收获到底有哪些方面呢？它包含新的知识、新的体验、对于自己新的认识、给自己按下确认键、和他人的连接……收获的维度是很多的。你可以慢慢来捕捉。

方法三：庆祝每一个小成功

千里之行始于足下，不积跬步无以至千里，每个大成功都是一个一个小成功积累起来的。当你去庆祝自己的小成功时，就是在给自信心加分，每成功一次就加一分。

这也提醒我们，不要给自己设定太高的目标。目标太高，达不成是很挫败的。我有一个学员，她哭着说，自己感觉不到快乐了。经过大家的热烈讨论，最终她决定记录日常中的快乐，以此来加强自己对快乐的感知能力。当我看到她的朋友圈时，我终于明白为什么她很难快乐了，因为她写着“1000 件快乐的事记录”，于是我建议她从记录 100 件快乐的事开始，这样容易实现，也更容易收获快乐。

如何庆祝小成功呢？可以在朋友圈打卡记录，让大家看见你在前进；可以邀请几个好友一起聚餐，分享你的喜悦；也可以召开专门的庆祝会议，表达对参与者们的感谢……庆祝是一种看见，是对自己的认可，是对未来的信心，是平淡生活中一抹鲜亮的色彩，是对努力向前的自己的致敬。

方法四：接纳自己的身体

身材，颜值，是外在的美，外在美会带动你的自信心。有很多姑娘，明明颜值在线，但依然觉得自己不够好看，有深深的自卑感。有很多姑娘，明明身材是标准的，但还是觉得自己太胖了，对自己的身体不满意。

身体是灵魂的庙宇，对自己身体的不接纳，也是对自己的一种排斥，是极其内耗的。那怎么办呢？要么接纳，要么改变。如果你觉得自己身材不够好，就去锻炼身体。如果你觉得自己衣品不行，就去学习穿搭。如果你觉得自己不会化妆，就去学习化妆。

在这个时代，颜值是有红利的，长得好看是红利。我见过一个女孩，刚毕业的时候，打扮很土气，可是经过了几年的职场历练，她不断在身材、衣着、妆容上完善自己，现在出落成了一个大美女，现在的她非常自信。通过外在的自信带动内在的自信，也是一条提升自信的道路。

美国女作家玛丽安娜·威廉森曾写道：我们最深的恐惧不是我们没有能力。我们最深的恐惧是我们拥有无穷的力量。我们最害怕的，不是我们的黑暗，而是我们的光明。

我们总是会质疑自己，我算老几啊，我怎么可能充满智慧、英俊靓丽、才华横溢、魅力无限？但事实上，你怎么不是这样的呢？**使自己渺小，并不能帮助世界。放低自己，让周围人有安全感，并不能启发别人。**我们都应该光艳照人，像所有孩子一样……当我们允许自己发光时，我们也在不知不觉中允许他人发光。当我们从自己的恐惧中解放后，我们的存在也自动解放了他人。

第 *18* 篇

我没有价值，我不配

天生我材必有用。

——李白

我的一位学员跟我讲过一个她自己的故事。很小的时候，妈妈带她逛街，她看上一个很漂亮的娃娃，可是妈妈却以“太贵了”为由拒绝了她。然而当她们路过一家时装店时，妈妈一眼看中了一条漂亮的裙子，兴高采烈地买了下来，全然没有顾及那个受伤的女儿。从那时起，这个学员心里就形成了一个信念：我没有价值，我不配。很多年后，她总是找比自己差很多的男朋友。名牌大学毕业的她却在单位一直做着边缘的工作，面对升迁的工作机会也不敢争取。

一般来说，孩子在六七岁前，逻辑分析能力还没有发育成熟，因此，他们不会做出妈妈在撒谎的结论。孩子生来就爱父母，因而他们对于父母所说的任何话都会接受。但当父母的话和行为前后不一致时，孩子就开始变得矛盾，这种矛盾是在潜意识层面中进行的，他们会认为妈妈说的和做的都是对的，那就是我不对，我有问题。妈妈没有给我买，给她自己买了，这表示妈妈是比我更重要的，我是不重要的。我不重要代表着我没有价值，因而孩子形成了对自己的人生杀伤力最大的一个信念：我没有价值，我不配。

当一个人形成的信念是我没有价值，我不配，他的行为表现有：

- 不敢休息，觉得自己不配休息，要一直工作。
- 不敢收高价物品，不敢收红包或者礼物，如果收了，就要十倍百倍地还回去才能心安。
- 不敢接受别人的夸奖和肯定，面对夸奖，特别不好意思。
- 不舍得为自己花钱，却舍得给家人花钱。
- 不敢有梦想，想都不敢想。
- 不敢拒绝他人，委屈独自承受。
- 不敢拥有美好的关系或者完美的爱人，在亲密关系中没有安全感。

这样的信念从何而来呢？通常和小时候的经历有关，就像前面小女孩的故事一样，概括下来通常有这么几点：

（1）小时候爸妈表扬得少，批评得多。

（2）父母陪伴在身边少，孩子的安全感没有得到满足。

（3）家里还有其他孩子，尤其是其他的孩子比自己优秀。

（4）总是被拿去和别人做比较。

（5）想要的玩具或者零食没有买，长期处在心愿得不到满足的状态。

这些都可能形成低价值感。

四个方法助你提高价值感

方法一：每天鼓励自己

真正能带来满足感的不是身材或财富，而是肯定自己的人生。积极的心态可能来自别人的鼓励，但更重要的是给自己积极的心理暗示，也就是学会自我鼓励。如果你不擅长自我鼓励，那么记住下面两句话。

（1）我是这个世界上独一无二的存在

我们来到这个世界，就是个奇迹，每个人都是弥足珍贵的。如果一个人认识不到自己有多么独特，就很容易被别人的评价左右，很容易活成"他人"的模样。大声告诉自己，你是这个世界上独一无二的存在。

如果你想体验一把自己的独特性，可以来玩一个小游戏：找一个下午，来到人流密集的街头，坐在路边，观察来来往往的行人，找一找有没有两个相同的人。

（2）我相信自己值得被爱

在动画电影《玛丽和马克思》中，玛丽写信向马克思倾诉，她苦恼自己没有朋友，也没有人喜欢她。后来，玛丽收到了马克思寄来的饼干，上面有这样一句话："爱人先爱己。"

告诉自己值得被爱，才有机会和可能发现更多的爱。世间所有的爱都是以自己为中心不断扩大的，如果一个人连爱自己都做不到，那么他也很难得到别人发自内心的爱和尊重。

方法二：欣然接受别人的赞美

处于弱者模式的人总是觉得自己不够好，自己没有价值，他们的人生信条是"我很平庸，不值得被赞美"。

扔掉这种信念吧，别让卑微的想法束缚自己。带着爱的赞

美是人间瑰宝，只有欣然接受别人的赞美，让自己相信自己“足够好”，才能避免苛求自己，才能真正体悟到自己的价值感。如果你说你有价值，你就有价值；如果你说你没有价值，那么你就没有，然后你就会依照你给自己设定的故事版本而活。

在《有钱人想的和你不一样》这本书中有一句话：“如果一株百尺高的橡树拥有和人类一样的心灵，那么它顶多只能长到十尺。”

如果你是个差劲的接受者，那么你在每一个方面都是很差劲的接受者。但好消息是，等你变成了很棒的接受者，那么你在任何一方面都会是很棒的接受者，可以开放接受宇宙给你的一切，人生各个方面的祝福。

现在你只要记住一件事，就是要不断说“谢谢”，收到了任何祝福，都说“谢谢”。

方法三：做好事畅想

价值感是从自己为社会做贡献中获得的，比如孩子帮助父母做了家务，孩子会很有价值感；比如你帮助一个老奶奶过马路，也会很有价值感；比如我们为公司创造了效益，同样会很有价值感。

价值感的来源就是利他。所以我们每天都去做对他人、对社会有益处的事，就可以源源不断地获得价值感。为了增强和巩固自己的价值感，我们可以在每天晚上睡前，对自己这一天所做的好事进行畅想。当你越觉察自己，你越容易做更多的好事，你也越容易获得价值感。

好事畅想是什么？简单来说，就是非常开心喜悦地对我们说过的好话、做过的好事、出现的好念头，在脑子里开心地描述，并且尽可能延展对方因为你的善行会有什么样的变化，画面越丰富越好。好事畅想的好处是会让我们的价值感迅速提升，体验到生命的美好丰盛。

方法四：增加自己的体验感

好的体验感会提升配得感，人生最重要的就是体验，只有自己亲身体验过才知道是什么样的感觉。我们要扩大自己的体验，去看更加广阔的世界，去享受更有档次的服务，去品尝更好吃的美食，去连接更牛的人脉，当你体验到了更高层次的世界，你的视野被打开了，你的配得感也会跟着上升。下面是我给大家提供的 52 件人生体验清单，方便大家参考。

表 4-2 52 件人生体验清单（供参考）

1. 掌握一门乐器
2. 与朋友彻夜谈心
3. 学会游泳
4. 做志愿者
5. 站上舞台表演
6. 告诉别人自己的一个秘密
7. 献血
8. 拿奖金
9. 和喜欢的人用耳机听同一首歌
10. 拿到驾照
11. 来一场说走就走的旅行
12. 拍一套写真
13. 交不同国籍的朋友
14. 不用手机一天
15. 帮助陌生人
16. 做一桌好菜
17. 为一件事用尽全力
18. 带父母一起旅行
19. 把房子装修成自己喜欢的模样
20. 上一次电视
21. 回到母校
22. 大哭一场
23. 写信给未来的自己
24. 上一门世界级导师的课
25. 定期存钱
26. 为他人准备一个惊喜
27. 和自己的偶像合照
28. 原谅一个人
29. 在机场或者火车站睡一晚
30. 和亲密的人认真谈论一次死亡的话题
31. 了解父母的成长经历

32. 跑完一场马拉松
33. 闭关禅修 10 天
34. 参加沙漠徒步
35. 改掉一个坏习惯
36. 创业（无论大小）
37. 拥有自己的房子
38. 成为爸爸 / 妈妈
39. 住一晚五星级酒店
40. 坐一次飞机头等舱
41. 在山上看一场日出
42. 无条件地帮助一个人
43. 养一只宠物
44. 拿到第一名
45. 对着镜子里的自己说“我爱你”
46. 把自己的故事写成一本书
47. 打卡 10 家网红书店
48. 去一次南极
49. 赚到第一个 100 万
50. 止语进餐一次
51. 一整天只说“Yes”
52. 录一首自己唱的歌

莱斯特·利文森在《快乐是免费的》一书中说过这样一段话：**“真实的你是无限的、宏伟的、光辉的、完整的、完美的，并且是全然安宁的。只不过，你一直告诉自己，你是一个有局限的人，你用这个错误的想法蒙蔽了自己的双眼。丢掉你的盲目、你的自我，获得永恒的完美和喜悦。发现了真实的自己后，你将会拥有一切。”**

其实每个人都是本自具足的，我们要做的就是唤醒自我，相信自己，万物有灵，我最珍贵！

第 19 篇

我没有准备好

今天所做之事，勿候明天，自己所做之事，勿候他人。

——歌德

很多人总是有“我没准备好”“我准备得不足”“我不能做这件事”等诸如此类的想法，以至于迟迟不能行动，其实这就是你的阻力信念在作祟。人生不像炒菜，不用等到所有的菜齐了再下锅。下面这个故事告诉你：人完全可以三年一人生，坐稳了，发车！

中国首位女舰长韦慧晓，她 23 岁就职华为，4 年后就成为百万年薪的白领丽人；27 岁获环球洲际小姐大赛中国特区赛区十佳，并于同年以第一名成绩考上中山大学研究生；28 岁赴西藏支教；30 岁成为中山大学女博士；博士毕业后，34 岁特招入伍；6 年后成为中国第一位女实习舰长。她的履历让大家直呼：电视剧都不敢这么演！

在韦慧晓的故事里，你学到了什么？有人学到了她的坚强，有人学到了她追求梦想的勇气，还有人学到了她的绽放。而我学到了一个词叫：三年一人生。曾经的我，一直以为一份工作是要干一辈子的，看到韦慧晓后，我才发现，可以不用一份工作干一辈子，三年干一件事，也可以干得非常好。她的一辈子活得比别人好几辈子都要精彩！

我在上海遇到一个女孩，她非常优秀，文字功底非常好，她说她要在十年内写出一本书。我以前也是这么认为的，以为要准备十年才能写好一本书。后来我发现，根本不用，一年就可以写完，不用等十年。

为什么我们会不自觉地认为干一件大事需要很长的时间呢？

这跟我们的教育有关，我们读义务教育就花了九年，大学读了四年，研究生要读三年，似乎做一件大事，不花这么多时间都感觉不对劲了。事实真的是这样吗？不是！

其实我们完全可以在很短的时间内干成一件大事，就像韦慧晓一样。举几个例子，我先生是个武术爱好者，练拳已经十多年了，他一直以为学会一套拳需要好几年的功夫，没想到当我们环游到了佛山，认识了一位教洪拳的老师，这位老师在半个月内把全套功夫都传授给了他。他说，没想到可以在这么短的时间内学会一套拳。

我也经历过，我曾经以为学习茶艺是需要好几年的，学茶艺是我大学期间的梦想。可是，十多年后，我报名参加了茶艺课，竟然一节课就学会了泡茶，太不可思议了，一股金灿灿的暖流注入心田！

如果你仔细观察的话，你会发现，其实成人培训都不需要学习很久。比如学习游泳，四节课就差不多学会了。比如学习骑马，十个课时就能骑着跑了。比如考取驾照，三个月绰绰有余。

有很多事，你以为要花很长时间，以为要准备很久才行，其实根本不用。我们总是在等自己准备好，但事实是，如果总是等，那我们永远都不会有准备好的那一天。

三年一人生，三年足够改变一个人的生命轨迹。当你有了三年的紧迫感，你就不会无限制地把事情拖延下去。明日复明日，明日何其多。

当我开始运用三年一人生的原理后，我发现世界更加有趣了。我可以三年内完成环游世界之旅。我可以在三年内写完五本书。你看，接下来的三年一下子就具体了，而且你不会觉得没有意思，因为三年后，你又可以探索新的领域。

请注意，这里的三年不是躺平的三年，而是像韦慧晓那样，全力以赴，把自己全然投入生命里的三年，坚定地去追求自己内心所爱，不要考虑别人的目光，不要被世俗牵绊。因为有了三年的时间限制，你的行动力会极大地增强。

如何实现三年一人生，把一辈子活出几辈子来？

第一步：找到目标，大胆跨界

在这个宇宙中，生活着很多个版本的你，有作家的你，有演员的你，有营业员的你，有大富大贵的你，有医生的你，有能歌善舞的你……每个你都充满了潜力，只是开发的程度不同，所以活出来的版本不同。不要给自己设限，你可以大胆跨界。

从现在开始，每次只给自己三年时间，三年后就换一个角色，你想要活成什么样子呢？

表 4-3　三年一人生清单表

时间线	年龄	我想要成为的角色	我想要达成的目标
第 1 个三年	34 ～ 37 岁	旅行作家	环游世界一圈，出版五本书

续表

时间线	年龄	我想要成为的角色	我想要达成的目标
第 2 个三年	37 ～ 40 岁	慈善家	捐款 1000 万，建立图书馆 100 所
第 3 个三年	40 ～ 43 岁	画家	出版漫画作品
第 4 个三年	43 ～ 46 岁	校长	创办一所学校
第 5 个三年	46 ～ 49 岁	上市公司创始人	有六家上市企业
第 6 个三年	49 ～ 52 岁	摄影师	开摄影展
第 7 个三年	52 ～ 55 岁	家居博主	全网千万粉丝
第 8 个三年	55 ～ 58 岁	小说家	写出魔幻现实主义作品
第 9 个三年	58 ～ 61 岁	环保领袖	保护森林、土壤和海洋环境
第 10 个三年	61 ～ 64 岁	瑜伽教练	有一家瑜伽馆

请你写出自己三年一人生的清单。

第二步：聚焦专注，集中火力

这三年，你全部的精力都投入在这件事上，你是高度专注的，别人一天一小时做一件事，你一天可以拿出来十小时，你进步的速度不仅仅是 10 倍，而是 20 倍、30 倍，为什么呢？因为聚焦会产生叠加效应。鲁迅先生有一句话，说这里本没有路，走的人多了也就成了路。如果每天只是蜻蜓点水，大脑回路根本留不下痕迹，而如果每天八小时、十小时地花时间去做，一定会留下深深的印记，回路也就接通了。下次遇到类似的事，你会有更快的反应。

运动员们平时就保持高强度的训练，到了大型比赛前，更是加码训练，为什么呢？就是为了让大脑自动反应，为了让身体自己产生记忆。再想想大学生活、研究生学习，也是三四年的时间，在这短短几年时光里，你埋头在学习中，埋头在学术研究中，埋头在实验室里，毕业后的你和刚入学的你已是天壤之别。

村上春树说，当你穿过暴风雨，你将不再是原来那个你。三年的磨砺将绽放出一个全新的你。

第三步：要有成果物

三年一人生，如何判断自己这三年有没有虚度？

那就需要有个成果物。比如女舰长的博士学位。我特别敬佩的一位大咖——《吃掉那只青蛙》《销售中的心理学》《销售圣经》的作者博恩·崔西，就是一个特别有成果物的人。他研究的领域非常广泛，有时间管理、心理学、学习力、谈判、销售成交、市场营销、商业战略、领导力、压力……每当他研究完一个领域，他都会以写一本书作为成果物，给自己一个系统梳理的机会，也是给生命一个交代，给世界一份礼物。有类似做法的还有管理学大师彼得·德鲁克先生。

当你过完精彩的三年，相信你一定有想要对这个世界说的话，想要留下的记录，你一定要把它展示出来。可以是一场演唱会，可以是一个学位，还可以是一本书……无论是什么，它们都是你留下的最美痕迹。

最后，我想用一个小故事结尾。

一对老夫妇省吃俭用地将四个孩子抚养长大。他们结婚周年，孝顺的孩子们送给老两口最豪华的游轮旅行。

老夫妇带着头等舱的船票登上豪华游轮，游轮上有游泳池、豪华餐厅、电影院等，令他们十分惊喜。美中不足的是，各项豪华设备的费用十分昂贵。节俭的老夫妇不舍得消费，只好在甲板上流连忘返。他们怕船上伙食不合胃口，随身带着一箱方便面，顿顿以方便面充饥。

到了航程的最后一夜，老先生想，如果回到家后，亲友邻居问起船上饮食如何，自己答不上来，也是说不过去。于是二老决定在晚餐时间到船上餐厅用餐，反正是最后一餐，也不怕宠坏了自己。

在音乐及烛光的烘托之下，欢度金婚纪念的老夫妇仿佛回到初恋时期。在举杯畅饮的笑声中，用餐时间已近尾声，老先生意犹未尽地招来侍者结账。

侍者很有礼貌地问老先生："能不能让我看一下您的船票？"

老先生闻言不由得生气："我又不是偷渡上船的，吃顿饭还得看船票？"嘟囔中，他拿出了船票。

侍者接过船票，拿出笔来，在船票背面的许多空格中划去一格。同时惊讶地问："老先生，您上船以后，从未消费过吗？"

老先生更是生气："我消不消费，关你什么事？"

侍者耐心地将船票递过去，解释道："这是头等舱的船票，航程中船上所有的消费项目，包括餐饮、唱歌以及其他活动，都已经包含在船票内。您每次消费只需出示船票，由我们在背后空格处注销即可。"

老夫妇想起航程中每天所吃的方便面，而明天即将下船，不禁相对默然。

第 20 篇

一念之转：从地狱到天堂

人生福境祸凶，皆念想造成。

——《菜根谭》

在前面的内容里，我们介绍了阻力信念是如何形成的，以及常见的三种阻力信念。一个人想成事就要把动力信念变得多多的，把阻力信念变得少少的。**一个人可以不管外界发生什么事，只靠改变意识的内涵，使自己快乐或悲伤；意识的力量也可以把无助的境况，转变为反败为胜的挑战。**

这一篇我将告诉大家，如何来做转念，如何把阻力信念变成动力信念，这里给大家介绍六步骤法。这个方法破除阻力信念最彻底，并且能够帮助你顺势建立起动力信念，是一举多得的好方法，我们叫它转念功课。

《一念之转》的作者拜伦·凯蒂发现，造成一个人抑郁的并不是这个世界，而是她对世界的看法。与其绝望地设法改变世界来迎合自己的想法，不如质询这些念头，借由接受来拥抱现实，体验前所未有的自由与喜悦。她本人从一个一度下不了床想自杀的女人，变成对世间万物充满了爱的人，并创造了转念体系，由此可见转念的厉害之处。

接下来，我邀请你一起来练习转念。

转念六步骤法

第一步：选择一件你很想做的事，或者你遇到的麻烦事，觉察负面情绪

- 方法：对于________事，我的负面情绪有________。

例：对于写书这件事，我的负面情绪有焦虑和无力。

情绪词参考：

表 4-4　情绪词语表

难过	焦虑	无力	抑郁
伤心	恐惧	生气	悲伤
忧愁	愤怒	内疚	羞愧
厌恶	屈辱	委屈	绝望
懊恼	悔恨	无奈	悲痛

第二步：抓想法，把每个想法背后的念头都说出来。你为什么会感到焦虑？你为什么会感到无力？

- 方法：我感到________，是因为________。

例：我感到焦虑，是因为我怕自己无法按时交稿，一直拖延下去。

我感到焦虑，是因为我怕自己写的内容不够精彩。

我感到无力，是因为我看到别的老师一个月不到就写完了，而我已经写了四个月了，还没有进展。

我感到无力，是因为我有几篇写得不满意，但又不知道怎样修改。

第三步：辩驳，上面的想法有没有证据证明是错的，每一个想法都要找证明它是错误的证据

例：我是个说话算数的人，我平时做事不拖延，行动力很强。

我的文章有很多人悄悄留言，说非常精彩，出版社老师也夸我写得好。

我一个月不到就写完了，只是交了初稿，后面还是要修改的，正常的图书出版都是要半年以上的。

我有写作教练，我可以请教她指导我修改。

第四步：列出可以替代的动力信念，多多益善，挑选出感觉最好的一条

例：我可以按时交稿！

我写的内容非常精彩！

我是畅销书作家！

我可以写完！

我可以做到！

这里可以多写几个，挑选感觉最好的一个，我选了“我可

以做到”。

第五步：植入信念，站起来，开始边念边做动作，依次连接眼睛、耳朵、心三个位置

连接自己的身体，连接自己的内心，可以获得更大的能量。语言和动作同时进行，可以加强信念的植入，让你印象更加深刻。

双手握在一起，放在自己前面，看着双手。双手可以上下摆动，同时喊出口号：“我可以做到。”接下来是耳朵，双手摸着自己的耳朵，同时喊出口号：“我可以做到。”最后摸着心，双手放在胸口的位置，同时喊出口号：“我可以做到。”

第六步：行动，巩固信念的形成

很多人转念后，缺乏行动，导致这个念头并不牢固，只能在脑子里一闪而过，下次再遇到类似的情况时，依然会走回老路。而转念后配上对应的行动，由行动带出来新的结果，这条新的信念就会被自己亲自证实，一次又一次的行动，一次又一次的证实，会加深信念。就像一片草地上本来没有路，如果你只是走一次，是不会留下痕迹的，但如果你走得多了，慢慢就成了路。

《菜根谭》中讲："苦乐无二境，迷悟非两心，只在一转念间耳。"这句话的意思是，苦境乐境，全在于心境；迷茫顿悟，也不过是一念之间。信念改变状态，状态改变行动，行动改变习惯，习惯改变命运。一个人的信念变了，命运也自然会跟着改变。

第五章

行动篇

在前面的篇幅里，我们解决了人生航向、目标系统和信念系统的问题，当这些都妥当就位后，就差临门一脚了，这一脚就是行动了！

没有任何借口给你拖延，没有任何借口让你不干。话虽如此，我依然想要和你分享可以提高行动力的妙招。有了它们，相信你一定会如鱼得水，如虎添翼。这些行动力妙招分别是专注于当下、早起吃“青蛙”、集中突破大法、日课精进和用他律来自律。

在写书的过程中，我原本是想把能力篇放在前面，行动篇放在后面，但我发现如果是这样的话，又将陷入误区：有同学会一味地练习某个技能，从而逃避应该有的行动。如果不行动，又怎么能创造出自己想要的结果呢？行动是把一切想象变成现实的唯一路径。十个梦想不如一个行动，在行动中锻炼技能，获得正向的反馈，更新自己的信念，给自己信心勇气。所以，我最终决定把行动篇放在能力篇前面。

你要升级到一个更高的境界上，要遇到更高版本的自己，你该怎么做呢？你可以先知道，再行动，用新的认知来调动新的行动。也可以先行动，在行动中不断提高认知。比如谈了恋爱，在恋爱的过程中升华了自己对爱的理解；比如成了父母，在养育孩子的过程中理解了什么叫无条件的爱。由此可知，无论是哪种情况，无论是谁先谁后，行动都是升级不可缺少的元素。如果缺席了行动，那一切都是泡影，终将带着遗憾走完此生。

来吧，让我们用行动向世界证明，我可以！

来吧，让我们用行动向自己告白，我爱你！

来吧，让我们用行动向未来宣布，我来了！

第 21 篇

用番茄钟专注于当下

对未来的真正慷慨，是把一切献给现在。

—— 加缪

杏儿是一家公司职员，她白天在单位里忙得脚步飞起，一会儿要开小组会议，一会儿领导找她交代事情，一会儿处理客户投诉……当她拖着疲惫的身体回到家时，孩子的吵闹声让她更加心烦意乱。当屋子里总算安静下来的时候，她终于有了一点点属于自己的时间。这时候，她拿出了手机，刷起了短视频，在依依不舍中结束了一天的日常。

你有没有遇到过像杏儿这样的情况，很想拥有单独属于自己的时间，却总是被打断，当拥有了自己的时间时，却也安静不下来。为什么会这样呢？真的是世界太吵吗？真的是因为别人在打断你吗？其实不是的，是你没有给自己创造一个安静的时空，没有刻意去安排。**你不安排生活，生活就会来安排你。**

当你处在被打断的情境里，当你无法真正专注时，你是无法进行深度思考的，做决策的时候也容易失误。在《乔布斯传》中有一段描写乔布斯如何从浮躁到专注的过程，我觉得很有价值：他在印度的村庄待了七个月后再回到美国，他看到了西方世界的疯狂以及理性思维的局限。这时候他坐下来静静观察，他发现自己很焦躁。当他试图平静下来，情况更糟，但时间久了心里出现一个空间，可以聆听到更加微妙的东西：这时候直觉开始发展，看事情更加透彻，也更能感受现实的环境。于是心灵逐渐平静下来，世界极大地延伸，能看到之前看不到的东西。但凡有大成就的人，都是借由专注来达成非凡结果。

据专业的统计数据显示，人们一般 8 分钟就会受到一次干扰，每小时大约 7 次，也就是平均每天 50 ～ 60 次。平均每次干扰时间约是 5 分钟，总共每天大约 4 小时，也就是 50% 的时间（按照一天 8 小时工作），其中 80% 的打扰（约 3 小时）是没有意义的或者极少有价值的。同时人被打断后重新拾起原来的思路，平均需要 3 分钟，总共大约 2.5 小时。根据以上统计，每天因为打扰而损失的时间为 5.5 小时，按照 8 小时工作时间来算，占工作时间的 67.8%。

当你看到这一串数字后，内心是不是非常震惊！没有想到我们白白流失了这么多的时间。所以说排除干扰，保持高度专注是多么必要！那么，该如何让自己专注下来呢？

方法一：体验专注时刻

在日常生活和工作中寻找原本就专注的时刻，体验那种美妙的感觉，那是一种全然投入的状态。没有人来打扰你，你可以享受属于自己的时光，真正活着。感受自己像一棵大树一样，双脚立在大地上，有无穷的力量从大地传入你的身体，你是王，你是一切！

你和万物融为一体，你仿佛是一本传世的书，是一朵摇曳的花，是一条蜿蜒的河流，是天边的一朵云。留心这样的时刻，它们可能转瞬即逝，觉察到它们，细细品味，尝试着去复制这样的时刻。

方法二：放下手机，排除干扰

手机是很多人无法专注的重要因素，它为我们创造了便利，给我们搭建了一个虚拟的世界。在手机里，你会找到归属感，因为你在和其他人连接。或许你的工作就是靠手机来完成，比如微商、知识 IP 等，手机成了工作的工具，在它身上，你找到了价值感。总之，手机已经牢牢地绑定了你的工作及生活。看起来是你拥有一部手机，其实是手机绑架了你。你可以找到一百种看手机的理由，但我想要告诉你的是，想要专注，就必须放下手机！

放下手机，对你来说意味着什么呢？意味着：放下无休止的杂乱信息，放下对未来的恐慌焦虑，放下对自己真实感受的逃避，放下以为世界没了自己不会转的自以为是……放下手机，你将得到片刻的安宁，放下手机，你才有可能全然活在当下。

方法三：番茄工作法

番茄工作法是一个特别实用的专注方法，它是弗朗西斯科 · 西里洛提出的一种时间管理方法。他在读大学的时候，效率非常低下，作业做不出来，学习也学不进去，他非常苦恼。于是他下定决心，一定要专注学习，哪怕 10 分钟也可以。终于，他找到了一位计时教练，那就是厨房的计时器，样子像番茄一样，并因此发明了大名鼎鼎的番茄工作法。

番茄工作法是指一个人在 30 分钟内高效专注地只做一件事。这 30 分钟可以分为 25 分钟专注和 5 分钟休息，我们称之为一个番茄钟。

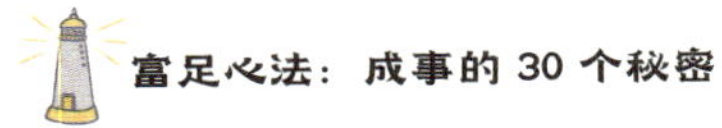

四步高效运用番茄工作法

第一步：列好日计划

将大脑清空，把需要做的事列入日计划，每件待办的事项需要几个番茄钟可以完成都逐一记录。比如：今天要写 5 篇稿子，预计需要 5 个番茄钟完成。

注意刚刚开始使用番茄钟的时候，不用要求自己一下子全天都是专注时刻，那是做不到的。从早晨做一个番茄钟开始，慢慢过渡到两个、三个，逐步增加专注的时长。

▲ 图 5-1　日计划清单

第二步：开始番茄钟

找到一个不会被打扰的环境，做好准备工作，给自己安排25分钟倒计时，就开始去完成这项事情。这样循环往复，直至任务完成。

在实操中，有一些很重要的事项需要注意：

（1）有一些人总想要找到整块的时间，比如一小时或者两小时的空白时间，然而这样的时间又非常少，导致专注无法开启。番茄钟有个好处是，只需要25分钟的时间，你就可以开启一个**番茄钟**，见缝插针地做个番茄钟，把整块的时间、整块的工作切分开，慢慢推进下去。不要执着整块时间，放下执念，当下即永恒，25分钟即可。

（2）我们说的番茄工作法是25分钟加5分钟，也可以根据自己的原则定义工作时间和休息时间，比如说会议40分钟，那可以安排40分钟工作时间加10分钟休息时间。

第三步：合理应对中断

番茄钟实操时最大的挑战就是应对中断。我们将中断分为内部中断和外部中断。内部中断是我们自己的大脑出现了一些临时想到的其他事情，那可以立马用纸笔记录下来，继续原有的番茄钟。如果是外部中断，有其他人来干扰自己，该怎么办呢？我们可以采用三种方法来解决。

（1）挂牌法

在自己的办公室或者书房门口，挂一个牌子，上面写“番茄钟，请勿打扰”。直接拒绝不该出现的干扰。

（2）快速解决法

如果是必须用到自己的，可以和对方快速约定新的时间，或者把对方要求做的事记录在纸上，让对方可以安心离开。

（3）停下来

遇到非常重要的或者紧急的事情，那就直接停下来。等解决完毕，重新启动番茄钟。

当你运用番茄钟后，你对于你的工作会有更直观的把控，对时间的颗粒度有更精细的把握。写一篇文章需要 2 个番茄钟，看一本书需要 3 ～ 4 个番茄钟。你也会更加明晰地知道自己一天用了几个番茄钟，通过精准的数据来提高自己的实际效率。

第四步：总结复盘

没有使用番茄钟的时候，你可能是这样的：本打算写一篇文章，结果刷了淘宝，买了卫生纸，跟朋友煲了电话粥，做饭，打扫卫生，一天就这样过去了，结果一个字也没写。

但有了番茄钟，你可以从以下两个维度复盘：

（1）自己一整天高度专注的时间是几个番茄钟，逐步提高自己专注的总时长。

（2）对于这一天完成的项目，每个项目需要用几个番茄钟，做好记录，以便下次更好地安排。

世界上最重要的事是什么？是你此刻正在做的事。

世界上最重要的人是谁？是此刻正在你身边的人。

吃饭时吃饭，睡觉时睡觉，闲暇时微笑。

第 22 篇

早起吃掉那只“青蛙”

上帝送黎明来，是赐给所有人的。

——塞万提斯

一天下来，很多人总觉得自己浑浑噩噩，什么都没有做就这样结束了。如果你也有这样的情况，那么你一定要知道时间管理大师博恩·崔西《吃掉那只青蛙》的方法。什么是“青蛙”呢？就是对你来说最重要的事。

马克·吐温曾经说过，如果你每天早上醒来所做的第一件事是吃掉一只活着的“青蛙”，那么，你会惊喜地发现，在接下来的这一天里，再也没有什么事是比这件事更重要的事了。

为什么要让自己在早上吃“青蛙”呢？因为早上的时候，你的大脑刚刚苏醒，是最清明的时刻，你的专注力也是最强的时候，在你状态最好的时候，去完成一天中最重要的事，最容易做到。

《早起的奇迹》这本书的作者哈尔·埃尔罗德在人生巅峰时刻，遭遇了一场车祸，大脑损伤，被判定只能在轮椅上度过下半生，最后他奇迹生还，还恢复了走路的能力。之后他又遇到金融危机，负债 287 万元，他背负着巨大的困难和压力，这一度让他痛苦不堪。在走投无路的时候，他的朋友给了他一个建议：开始晨跑，它能让人的思维变得更清晰。于是他开始跑步，逼自己去做讨厌的事，没想到早起跑步彻底改变了他的人生，让他成了影响无数人的人生教练，也成为连续五年占据亚马逊榜首的畅销书作家。

当你明确自己的重要目标，并且从早上就在朝着它前进，你的这一天是带着成就感开始的！你的状态会非常好。而且，你是真真实实地投入时间进去了。很多人会用战术上的勤奋掩盖战略上的懒惰。当你早起吃“青蛙”时，就是走在正确的战略上，并且在执行你的战略。

关于吃“青蛙”，有两条规则是我们必须遵守的：

第一，如果你必须吃掉两只“青蛙”，那么先吃长得更丑陋的那只。也就是说，如果你面临两项重要任务时，应该先处理更重要的那个。

第二，如果你必须吃掉一只“青蛙”，那么立即行动起来。因为你一直坐在那里盯着它看，也无济于事。

所以，早上起来不假思索地吃掉那只“青蛙”，是成功的捷径！

我有一位私教学员，她刚开始探索新的副业时，同时干两份工作，还要带娃，常常感觉时间不够用，于是我教给了她早起吃“青蛙”的方法。自从她运用这个方法后，她的生活发生了天翻地覆的变化，她拥有了更多的自由时间，一年内写了一百篇文章，直播了一百多场，搭建了九个收入渠道，人生像开了挂一般。这就是早起吃“青蛙”的魅力。

三个方法助力你早起吃“青蛙”

方法一：安排快乐的重要事项

我的早起习惯是爸爸培养出来的，此刻是凌晨 4 点，爸爸醒了，我也醒了，我在他的床边，敲下了这些文字。

仿佛时光倒流，回到小时候，在凉爽的夏天清晨，天还没有完全亮，爸爸会把我从卧室抱出来，放在家门口的石阶上，就在我还困意十足时，递上来一块美味的冰西瓜，清爽的汁水叫醒了味蕾，我一下子就清醒了，开开心心地吃起来。吃完西瓜，我跟着大人去地里干活，或者拎着家里的衣服去河边洗。

所以早起的清晨，我过得十分快乐。现在想来，爸爸真是有智慧有方法，他用一片西瓜给了孩子最甜的叫醒，又用家务活赋予了孩子价值感和归属感。我现在都非常自豪，因为从小就可以为家庭做出自己的贡献。

无法早起，不是因为真的起不来，而是不知道早起为何。如果第二天一早要赶火车、赶飞机，你还会赖床吗？不会的，因为这件事很重要。如果第二天一早可以和朋友们去春游，你是不是激动得很早就起来了？为什么呢？因为这件事很有趣，能够让你开心。所以，怎样能够让自己早起呢？那就是去做重要并且开心的事。

只有重要，没有开心，人会很痛苦，感到劳累，无法长久。

只有开心，没有重要，人会很散漫，感到空虚，无法成事。

二者兼得，方为上策。爸爸的方法里就蕴含着二者兼得的智慧。吃西瓜叫醒很开心，帮家人做家务很重要。

我记得工作后有一段时间，我每天早上六点开开心心地出门，七点就到了单位，充满了活力。为何？因为我在单位旁边办了一张健身卡，约了关系很好的朋友一起健身。对我来说，健身很重要，而和朋友一起健身让我很开心。

当你看到这里，不妨停下来，拿出纸笔写下有哪些事可以让你开心，有哪些事对你来说是很重要的，进行组合放到清晨去做。

回到早起上，早起后可以做哪些事呢？我给大家罗列下我自己的，仅供参考：

- 写作：写书、写公众号。
- 运动：跑步、跳舞半小时.
- 阅读：看一本书，在朋友圈分享读后感。
- 思考：深度思考一个问题，记录结论。
- 计划：做月计划、日计划。

上面几个是我在早起后、上班前做的，我不会要求自己每天都做同一件，会灵活进行组合，比如今天是 AB，明天是 BC，或者在一个阶段里做同一个主题刻意练习。如果没有做到，也不会苛责自己，没做到就没做到，明天去做就是了。自我批评没有意义。

当我做到的时候，我会分享出来，发在社群里或者发朋友圈，或者告诉另一半，这是我的冰西瓜。**对我来说，别人的赞赏和认可，很快乐；而自己的成长进步，很重要。**

方法二：让美好的世界把自己叫醒

你有没有这样的经历，一听到音乐就会蹦起来？音乐是具有魔力的，是可以调频的。喜欢听音乐的朋友可以借助音乐的力量，在清晨放一首劲爆的歌曲，整个房间瞬间会被点燃，你的身体也仿佛注入了能量，你很容易从床上弹跳起来。

我的脑子里不由自主地冒出来两个画面，第一个画面是小时候爸爸在家门口摆了一个播音机，放进一盒磁带，开到最大声，半个村子里的人都可以听到，里面放着这首歌——《只要人人都奉献一点爱》，我们跟着大声歌唱，睡意全无。第二个画面是初中住校的时候，早上六点校广播室里就传来了像《护花使者》这样的节奏感强烈的歌曲，于是大家纷纷起床，奔赴操场，跑步做早操。

阳光也是叫醒利器，窗帘半开，当柔和的光影洒进房间时，你也会产生喜悦之心。婴儿刚出生时，是日夜颠倒的，慢慢地，他们知道了白天清醒，晚上睡觉，为什么呢？因为大脑会根据光线强弱来分泌激素，调整作息。当光线强的时候，适合干活做事，当光线弱的时候，适合睡觉休息。我们可以利用身体的这一特点来帮助自己无痛早起。怎么做呢？那就是窗帘不要用太厚的，而是要用能透光的或者睡前将窗帘留一些缝隙，第二天让阳光自然洒进来。

第三个小技巧是最浪漫的，那就是亲吻叫醒法。如果你的伴侣是早起的，那么可以邀请他用亲吻把自己叫醒。

方法三：小步渐进法，逐步养成早睡早起的习惯

每个人每天的睡眠时间是相对稳定的，你可以测算出来，自己的睡眠时间是八小时、七小时还是六小时。每个人的体质不同，时长不同，不用必须是八小时。当你知道了自己的睡眠时长后，可以采用逐步前移作息时间的方法来调整自己。

以我为例，我的睡眠时长是七小时，如果我要七点起床，那就必须在前一晚的十二点前睡着。如果我要五点起床，那就要在前一晚的十点前睡着。那么怎么实现呢？

先设定目标是六点半起床，稳定后，再提前到六点，稳定后，再提前到五点半，小步前进。改变作息时间，刚开始会有一些痛苦和挑战，但我们的身体有极强的适应性，一旦适应了，就很自然了。我们一起来看看著名小说家村上春树的作息表。

表 5-1　村上春树的作息表

时间	做什么
早上 4 点	起床，泡咖啡
上午 5 点～10 点	写作，约 4000 字

续表

时间	做什么
上午10点～11点	运动，跑步或者游泳
上午11点～12点	处理杂务
中午12点～下午1点	午餐
下午1点～1点30分	午睡，听古典音乐
下午1点30分～5点	自由时间
下午5点～6点	晚餐
晚上6点～9点	放松时间，读书听音乐
晚上9点	睡觉

村上春树是个高产作家，我们可能以为他全天都在写作，当你看了他的作息表后，你会发现其实他过得很悠闲。但他为什么可以写出这么多优秀的作品呢？

跟很多成功人士一样，村上春树的秘诀就是早起，并且早起后立马吃掉了写作这只大“青蛙”！每天固定五个小时的时间吃“青蛙”，常年坚持，水滴石穿，这是很多人都做不到的。好了，现在邀请你来思考自己的作息表，尤其是早起时光。

第 23 篇

集中火力，快速突破

雄心壮志是茫茫黑夜中的北斗星。

—— 勃朗宁

集中突破大法是指一段时间内，集中你的全部注意力来做一件事，以获得突破性进展。这个方法是帮助你实现人生飞跃非常实用的方法。它曾经多次帮助我实现质的突破，我现在把这个好方法分享给你。

我第一次无意识地使用到这个方法是在小学五年级。当时我的一个老师当着全班同学的面讥讽我，预言我考不上当地重点学校的少年班。我不甘心，在自己的房间里贴了一张纸，上面写着“一定要争气，决不轻言放弃”。从那以后，早上在家人呼呼大睡时，我五点就起床学习了。晚上也是如此，大人们都睡觉了，我还在挑灯夜战。就这样三个月之后，我成功考进了少年班。

第二次用到这个方法是在高中的时候，那时候我的化学科目学得不好，分数极不理想，于是我暗暗下决心，一定要学好。高三的寒假，我没有出去拜年，也不跟同学玩，把自己关在家里，一天做 9 套卷子，上午下午晚上各 3 套，做了一个月。寒假结束后，我的化学像打通了任督二脉，成绩非常好，最终高考化学成绩满分。

第三次更加有意思，是在研究生毕业写论文的时候。当时写了很久都写不出来，我躲在被子里哭，还被室友嘲笑。听到别人的嘲笑后，我就咬咬牙，给自己三天时间，这三天什么都不干，就只写论文。没想到，真的写出来了！最后成功通过了毕业答辩！

你看，集中突破的力量多么强大啊！读到这里，可以想一想自己有没有过集中突破的经历。为什么集中突破可以这么有效果呢？我认为有以下两点原因：

第一，集中突破期，你的关注点就在一个点上，注意力非常集中，意识和潜意识高度一致，都在想着同一件事。

我的一位姐姐在考北京大学研究生期间，每天只做一件事——准备考试。一早起来，就琢磨考研题，晚上睡前还要再复习一遍。而和她一起考的朋友们，有的还需要工作，有的还需要照顾孩子，注意力被分散了，最后只有她考上了。

第二，由于你每天都在想着突破它，精神没有内耗，不需要反复做自己的心理建设工作，就是该干了，没什么好犹豫纠结的，往前冲！

参加过闭关的人都会有这样的体会，第一天刚进去有点不适应，不适应与外界不联系，不适应一下子止语很久，不适应连续静坐……但到了第二天，就会感受到一种舒畅、清净、安宁与自在，也不用再逼迫自己，可以静坐很久，可以一直止语，特别享受和自己单独相处的时光。越往后，阻力越来越小，启动越来越快。

熟能生巧，聚焦做一件事，这件事在大脑当中容易形成固定的脑回路，下一次做起来会轻车熟路。

集中突破的三大要点

第一个要点：决心

决心比黄金贵一万倍，我一定要干成这件事，我不甘心，我不服气，我必须做到……这种势如破竹、破釜沉舟的决心比什么都重要。愿力大于一切！你的愿力越强，你的爆发力也就越强，这件事就越能干成！

我在考驾照的时候，就充分体验到了决心的重要性。由于我是在怀孕前报名的考试，生完孩子后也迟迟没有练习，结果就是三年了都没有考出来。最后只剩下两次机会就要从头来一遍了。这时候我的一个朋友考出来了，仅用了短短一个月的时间！她激发了我的斗志，我不服输，我下定决心必须拿下驾照，因此也获得了先生的大力支持。于是我开始起早贪黑，早上五点就去练习，下班了也去练习，打开手机就是看练习的视频，一遍又一遍地背路线。经过一个月艰苦卓绝地努力，终于在一个大雨天，我奇迹般地通过了最难的考试，最后拿到了驾照！

那位朋友是我的贵人，如果不是受她的激发，我是没有那份决心的。每每我开车行驶在自驾游的路上时，都非常感激她，感激考驾照的这段经历。

第二个要点：匹配专门的时间

战术要与战略匹配，匹配什么，那就是我们的时间，因为时间是有限的。你要集中突破一件事，就要把能够匹配上的时间全部拿出来放到它身上。

我要给你一个方案，也是药效最猛的方案，那就是推掉一切事务，单独拿出来 3 天时间，找到一个没有人打扰你的地方，静下心来，只做你想突破的事。3 天，听起来时间不长，但如果这 3 天，每天你花在上面十六个小时，那就是专攻四十八个小时，这样的学习量其实是非常大的。

有一位知识博主，她在第一年做直播的时候，每个月开播两场，播了近一年，也没有什么起色，卖 499 元的课还要送优惠券。后来，她幡然醒悟，决心把全部身心投入在直播上，她计划了一个 21 天连播活动。在那 21 天里，她每天除了做直播，就是研究直播，研究直播前的预约、直播当天的内容、直播后的成交结果、直播邀请的嘉宾……21 天结束后，她正好过生日，那一场直播她一下子做到了直播间百万人数，从此像开挂了一般，常常百万。

这就是集中突破带来的威力，在生命的长河里，3 天不算什么，21 天不算什么……但它们却可以这样真真实实地改变你的命运。

从 3 天开始，给自己一个专门的时间，去做最想要突破的事！

第三个要点：切断一切不必要的联系，让自己高度集中注意力

你在玩手机，其实是手机在玩你。你拥有了大房子，其实是大房子拥有了你。我们生活在信息多、刺激多、干扰多的时代，排除干扰是一项技能，是需要练习的。

你有没有这样的体验，在单位你刚想要好好干活，就有个人来找你商量点事，问个问题？你有没有这样的体验，在家里你刚想拿起一本书看看，孩子就跑了过来，要求你的陪伴或者鼓励？

当你在集中突破一个项目时，就像是武林高手正在传送内力，是不可以被打扰的，稍有不慎就会前功尽弃。这个时候，你要主动切断不必要的联系，让自己处在一个极静的状态里。

我在环游中国的路上见到很多寺庙是在山的岩壁上，需要手脚并用，爬很长一段时间才能达到。还有一位大师的闭关区离寺庙走路要 40 分钟，在高高的山顶上，爬上去特别艰难，只能远远地看一眼。为什么呢？因为这样可以远离喧嚣，得以清净。

适合集中突破的三大场景

第一类：考试类

考试是最能够使用这种方法的，它有明确的时间节点，有具体的分数要求，有明确的考试范围，你只要把决心、时间和切断联系做好，全力以赴备考，就会有突破！

第二类：技能类

如果你特别想要突破某项技能，比如演讲技能、写作技能、直播带货技能等，那就明确你要突破的技能，给自己一段时间，天天干，你就会和别人不一样！

第三类：愿望类

如果你有一个愿望，一直想要做，但迟迟没有达成，那就不要拖，集中火力干掉它。比如瘦身到 100 斤以下，就特别适合集中突破。比如见 100 个牛人，那就 3 个月完成它。比如环游中国，可以集中一年时间完成它。加大火力，没有干不成的事，你就是火箭，立马能飞上天！

在武侠世界里，常常有这样一个片段，男主角被坏人打下山崖，身受重伤却遇见了武学前辈，然后在短短数月中，经过前辈的点拨传授，男主角冲破重重关卡，功力大增，进而飞出山崖，瞬间打败坏人。掌握集中突破法，你就是武侠剧中的主角，极具力量和爆发力！

第 24 篇

日课，每天都在精进

宁可十年不将军，不可一日不拱卒。

——中国俗语

前面我们讲了集中突破法，我还有一个法宝，那就是日课。这两个工具交叉使用，将会产生巨大的威力。

什么是日课？日课就是你每天都在精进自己的事。比如每天运动、每天阅读、每天分享、每天复盘、每天感恩……这些都是日课。

最早实践日课的是曾国藩，他出身于偏僻乡村的世代农家，却成为扶危定倾的国家干臣，成为无数仁人志士的精神偶像，他的日课起到了十分重要的作用。在他 31 岁的时候，他给自己定下了日课十二条。

内容如下：

一、主敬：整齐严肃，无时不惧。无事时心在腔子里，应事时专一不杂。清明在躬，如日之升；

二、静坐：每日不拘何时，静坐四刻，正位凝命，如鼎之镇；

三、早起：黎明即起，醒后不沾恋；

四、读书不二：一书未完，不看他书；

五、读史：念二十三史，每日圈点十页，虽有事不间断；

六、谨言：刻刻留心，第一工夫；

七、养气：气藏丹田，无不可对人言之事；

八、保身：节劳，节欲，节饮食；

九、日知其所无：每日读书，记录心得语；

十、月无忘其所能：每月作诗文数首，以验积理的多寡，养气之盛否；

十一、作字：饭后写字半时。凡笔墨应酬，当作自己课程。凡事不待明日，取积愈难清；

十二、夜不出门：旷功疲神，切戒切戒。

从曾国藩的日课里，你会看到这些日课都是让自己更加精进的，推动自己走向一个更高版本的我。如果没有日课，你容易被生活琐事推着走，被别人的事裹挟着。如果没有日课，你很难在一个领域取得一骑绝尘的成绩，只能平平无奇。如果没有日课，伟大的梦想无法照进现实，你只能白日做梦。

做日课，时间越久，你越能享受到日课带来的复利。每天进步一点点不是一句口号，而是可以化为切实的行动，让自己真正进步起来。每天进步一点点，1.01 的 365 次方是 37.8，每天退步一点点，0.99 的 365 次方是 0.03，一年后两者竟然相差千倍，如果是几年后，几十年后呢？无法想象这之间的差距有多么遥远。

在不断践行日课的过程中，我们不断提升自己的技术，磨炼自己的心性。你不会慌慌张张，患得患失，要立马拿到一个成绩。因为你知道罗马不是一天建成的，你会更耐得住性子，把自己雕琢成一块更璀璨的宝玉。

积跬步以至千里 积懈怠以至深渊

$$1.02^{365} = 1377.4$$

$$0.98^{365} = 0.0006$$

只比你努力一点的人，其实已经甩你很远了

▲ 图 5-2　每天进步一点点与每天退步一点点的差别

四步养成日课好习惯

第一步：选择一个与你的人生目标紧密相关的习惯或者品质

优先选择和你目前目标系统紧密相关的一个习惯或品质来进行，因为需求是最好的老师。当你在日课中获得了好处，这个好处也会正向助力你坚持下去。先做一个，把这个固定下来。一开始进行的时候，会有点费劲，有点难坚持，等把它坚持做下去了，做起来已经很轻松了再去发展下一个。

我人生的第一个日课是跑步。这个日课从小时候就开始了，我的爸爸特别重视孩子的身体锻炼，很小的时候就带着我一起早起跑步。所以我坚持每天跑步30年，打造了非常好的体力，曾经跑过三次马拉松。在这个日课中，我锻炼了自己坚韧的好品质。我记得第一次跑全马时，最后几公里，膝盖钻心地疼，我流着泪坚持到了终点，因为一个运动员的字典里没有放弃两个字。我决不轻言放弃！

你此刻阅读的这本书也是日课的成果。从2023年1月1日起，我带着学员一起日更百篇公众号，在日更的过程中，我发现自己特别擅长写成长方法论，于是有了写书的主题方向。但在写书过程中，我发现我写不出来。于是我改变策略，开始日课写作，哪怕写得再烂也不要紧。**你有权利写出世界上最烂的文字。**在这样的心态下，反而源源不断地灵感冒了出来，最终指引我走到这里。

- 日计划 10 分钟
- 写作 2 小时
- 听课 1 小时
- 复盘 30 分钟

你的日课是哪几项呢？如果没有思路，可以在日课参照表里选择。

表 5-2 日课参照表

复盘	打坐	阅读	运动
写作	分享	做计划	陪孩子
练字	写感恩日记	日行一善	记账
听课	直播	跳舞	客户回访

第二步：选择固定的时间专注来完成

固定时间，是主动创造一个条件反射的模式，助力你日课的完成。你看我们一日三餐，到点了就会想要吃点东西，真的是饿了吗？其实未必，只是形成了习惯。

最好固定的时间是早晨的时间，这也是最佳的日课时间。如果你从没有过日课习惯，那么建议你从早上做日课开始。

这里我要推荐"日计划"这个日课，因为特别好用。我通常是早上起来就把一天要做的事情写在计划纸上，按照时间顺序排列，有的时间是固定的，就把具体时间节点写上。有的事是可以灵活安排的，就穿插在中间。

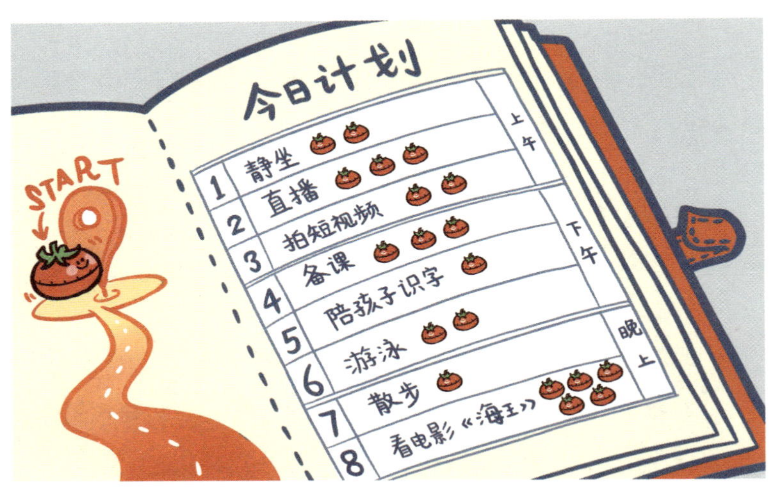

▲ 图 5-3　日计划

有日计划的一天和没有日计划的一天，是完全不同的，前者会更加高效，而且每完成一件都是对自己的一次奖励。而没有日计划的一天，很容易浑浑噩噩、毫无觉知地度过。

第三步：获得反馈

形成日课的过程，最好能获得反馈。《刻意练习》这本书中讲道，反馈是我们成为高手的必经之路。如果没有反馈，你只能在低水平区域徘徊。

反馈有两种，一种是自我内部反馈，一种是他人外部反馈。

首先你要学会自我内部反馈，像做计划这个日课，你可以通过自己的完成情况来计算，自己一天可以完成几件事，做哪几件事会让自己幸福开心，做哪几件事会让自己不愉快。再比如说，当你把运动作为日课时，只要自己运动了，无论多长时间，都可以自我表扬。

然后是外部他人反馈。曾国藩有个写反思日记的日课，为什么他能坚持写那么久呢？因为他的日记写完会给别人传阅，别人还会给予点评。我能在公众号坚持日更，也是因为有一群粉丝在看，还常常有人给我留言打赏。这些都是他人的反馈，当我们被关注，被看见时，就更能坚持做下去。所以，一定要学会给自己的日课找到反馈！

第四步：日课与集中突破灵活交替

日课就像行军打仗中的军队出行，一步一步达到了会战地点，而集中突破则是双方交战的那一刻。如果没有日课，军队没有来到会战地点，是无法交战的，也就没有胜利可言。

当你发现自己无法集中突破的时候，你可以反思自己，是否日课积累够了。比如说，你想写一本书，给自己安排了一个星期，结果发现什么也写不出来。那就说明平时的积累不够，需要去补日课。日课是为集中突破能拿结果而打扎实基础的。

当你做日课坚持了很长一段时间，想要有个飞跃时，就可以给自己安排一次集中突破。比如说你的日课是直播，那么集中突破可以是一次 8 小时的直播。再比如说你的日课是写书法，那么集中突破可以是书法考级。集中突破是日课的一次检验。

一个有日课系统的人，是一个刻意雕琢自己的人，是一个主动设计人生的人。你会选择如何度过宝贵而又狂野的一生呢？

第 25 篇

用他律来自律：让别人推着你走

鱼乘于水，鸟乘于风，草木乘于时。

——《说苑·建本》

我有一个私教学员晓晓，她刚开始读书很少，一年读书量不到五本，可是，自从她跟随我学习后，发生了翻天覆地的变化，她一年读了 150 多本书，写完了一部小说，甚至开启了写书之旅！你听到这些是不是感觉特别不可思议，这是怎么做到的呢？核心关键是我和她做了一场对赌，如果达成了目标数量，就可以得到我的现金奖励，如果没有达到，就要罚款双倍金额。在这样的激励下，她做到了！

这个故事是一个非常好的通过他律来实现自律的例子。他律，是指借助他人的力量来约束自己。自律，是单纯靠自己来约束自己。

为什么用他律来自律的效力这么强呢？

第一是因为他律节约了意志力。人的意志力是有限的，他律是外在刺激，可以减少自己意志力的投入。

第二是因为人都是要面子的。就像健身教练叫你去锻炼了，你不好意思不去一样。

当一个人凡事要靠自己，会自己瞎琢磨，不请教，不求助，自己在家闭门造车。当一个人在家瞎琢磨，他就容易分心，去做其他的事情，而将原本要干的事暂缓。

比如说，有一个同学要减肥，看到自己胖了，他发了一个朋友圈，说不掉秤 20 斤就不换头像。但是他不去请教别人，不去找教练，不去报课学习，就自己瞎琢磨，说要多运动，不吃晚饭。结果就是长时间没什么进展，慢慢地，减肥的事也被抛之脑后了。等过了一阵子看到自己胖的样子，又重复上述动作，反反复复地失败。

这就是没有学会运用他律来自律的情况。

这里面的问题出在哪里？为什么有的人会陷入这样的轮回，不愿意去求助别人呢？因为他们从小被灌输了一个观念，叫凡事靠自己。比如一道题自己没有想出来，就不算自己做出来的，相当于投降了。我们在社会上，是为了解决问题，而不是发明创造。不是要你发现万有引力，而是用万有引力给自己创造价值。退一万步说，即使你很有原创精神，你很想要突破，那也应该站在巨人的肩膀上向前走。不然你就是个天才，你发现了万有引力定律，那对人类也没有意义。所以，用他律来自律要先破除这个信念。

另外，借助他人的力量，会产生被逼迫的痛苦感觉，你要告诉自己，这个人是自己找来的，其实是自律，是更高级的自律，不是被逼着做的。

用他律来自律的六个方法

方法一：发大愿

发大愿是最大的他律。少年周恩来说：“为中华崛起而读书”，于是他在艰苦的条件下勤奋学习，成为受人民爱戴的总理。马丁·路德·金说：“我有一个梦想，那就是无论什么种族的人们都可以和平在一起。”于是他东奔西走，不顾生命安危，最终推动了肤色不平等的法律的废除。

一代圣人王阳明讲，一个人要立大志，立长志。为什么呢？

因为大志向有大动力。当你能够有大志向时，你其实心里装下了更广阔的世界，无形中会有许许多多的人都来激发你，帮助你克服困难，推动你完成伟大事业。

同样一个动作，有没有大愿，差别是非常大的。比如说写书，没有大愿的作者是赶紧写完，把书当成流量工具，而有大愿的作者是反复打磨，把书作为传播思想的福音。两者在起心动念上不同，内容上投入度自然也就不同，最终如何运用它也会不同。前者是看中利益的短期思维，后者是看中利他的长期主义。

所以说，发大愿是最大的他律。当你在做一件事的时候，想想我如何能通过这件事帮助更多的人。当你的心里装下的人越来越多，你就会越有行动力！

方法二：约咨询，找教练

有哪些情况可以找咨询？关于专业问题，关于内心疗愈，关于发展方向不明，尤其是内心卡点问题找咨询特别棒。其实很多一对一咨询不是那么贵，但很多人带着这个痛苦过了很多年，很不划算。创业咨询看起来贵，但你能赚到的钱更多。有很多人不愿意做咨询，他总觉得这是证明自己不如别人了，这是死要面子活受罪。刘邦的口头禅是："为之奈何？"谋臣就纷纷给他出主意。

咨询可以多找几个来比较感受，比如心理咨询可以尝试几个流派，避免盲听盲从。创业咨询可以多咨询几个，如果只咨询一两个，会容易被人带偏。教练类咨询推荐你去做，因为教练类咨询不给建议，而是提问引导，让你自己理清你要走的方向。

方法三：主题式阅读

有的人不懂得借助他人的智慧，压根不愿意深度思考，而是不停地刷视频。怎么能找到真正的智慧？那就是做主题式阅读。

如何进行主题式阅读？第一步，把书都买来，翻开目录，你会发现很多书是不用读的。第二步，精读 3 ～ 5 本，你会成为这个领域的小专家。读到这里就可以做很多的事，你可以转一对一咨询，也可以加入圈子。

我先生一开始对专注力感兴趣，于是阅读了这个领域所有的书，并且开始做专注力的研究。他不仅看了书，还查阅了文献，顺着文献找到了一位国际上很厉害的老师，通过邮件联系老师，一起合作研究，最终成了这个领域的专家，并且出版了《高分专注力：孩子提分，抓好这 9 大场景就够了》。很多家长通过这本书找到他，很好地解决了棘手的育儿问题。

方法四：开课产品化

开课产品化，对于会讲课的、做知识付费的，这个方法特别重要。我的一个朋友从大学开始读《道德经》，读了 20 年没读懂，结果开了一门相关的课程后，立马明白了。

为什么开课产品化有效果？一是因为收费带来的压力，让你认真梳理了自己的知识脉络。二是你需要讲出来，分享后会得到正向反馈，激发你继续研究的动力。三是产品化有经济收入，是一条轻投入重回报的管道收入。

产品化也不一定是讲课，也可以是发朋友圈、写公众号、写书、发帖子，它是要求有一个产品，能给人看到的。你讲出来，写出来，才是真正地理解了。

方法五：加入圈子，加入打卡组织

加入一个圈子到底能得到什么呢？为什么会让你变得更好呢？

一个人可以走得很快，但一群人可以走得更远。每次我参加线下的学习活动，那几天的学习状态是最好的，能量非常高，回来后像打了鸡血一般。如果很长时间没有去学习，我就会慢慢懈怠，或者被生活中其他事情消磨。

什么样的圈子比较好？首先，大家目的明确。其次是定期聚会。最后是能打卡。加入圈子也能为你提供归属感和价值感，让你有“我是团体中的一分子”“我可以为团体做贡献”的自豪感。主动塑造自己的人文环境，为自己选择后天家人。

方法六：比赛，竞争

竞争看上去双方是敌对的，是一个零和游戏，其实你从更广阔的视角来看，竞争也是一种合作，双方合作着，通过竞争带来的力量，把这个项目越做越好。

比如说，如果足球没有比赛，大家只是自娱自乐，那球员的水平怎么提得上去，更无法发展为国际性运动。再比如说，学钢琴不考级、不演出，每天自己在家弹，水平自然也上不去。正因为有比赛，水平才能提高。为什么跑步运动员比每日练习晨跑的老大爷快得多？不就是因为要比赛嘛。如果你要实现你的目标，你可以看看有没有相关的考级或者比赛。

很多人说，我练这个不是为了考级，而是为了开心。但是你要知道考级不是目的，而是提高我们能力的手段，当你水平提升了，你会玩得更开心。

莫言说："永远记住成功的最大秘诀就是，顺着人性做事，逆着人性做人。"我们借助他人的力量，好比撬动一个杠杆，让你的梦想更快实现，让你更好地服务社会，更好地利益他人。

第六章

能力篇

行动后，能力一定会有所提升。你也会发现，有很多行动背后隐藏着通用的能力，也可以叫作基本功。这些通用能力可以迁移到许多领域，如果你能把通用能力练就好，或者行动的时候有意识地去提升自己的某个通用能力，那么你之后再遇到新的挑战，将能更加轻松应对。

能力可以分为通用能力和专用能力。通用能力是广泛存在于各个领域的，比如学习力。而专用能力是属于某个领域的，比如开车的驾驶能力。

在本章，我将就通用能力展开叙述，有五个通用能力是非常关键的，它们分别是觉察力、学习力、提问力、复盘力和解决问题的能力。

▲ 图 6-1　必须具备的五个通用能力

第 *26* 篇

觉察：自我疗愈的第一步

不带评论的观察是人类智力的最高形式。

—— 克里希那穆提

为什么觉察力是五大能力的第一位呢？因为如果没有觉察力，那么一个人是处于无明的状态的，就像在黑暗的房间里，没有灯，既看不见自己，也看不到前方的路，一片漆黑。在这样的状态下，忙忙碌碌却没有走在自己生命的轨道上。有时候甚至做得越多，错得越多，就像是爬一个梯子，爬到了顶端才发现爬错了梯子。这就是没有觉察力带来的风险。

当一个人有觉察力，会是什么样子的呢？你会很清晰自己的人生航向、目标系统，你会知道自己现在所处的位置，你会计算自己如何能够到达目的地。你的头脑是十分清明的，你明晰自己是否走在正确的生命轨道上。即便有时候偏离了航向，你也能很快发现问题，然后纠正回来。一个有觉察力的人，就像一辆有导航系统、自检测系统的车一样，能够顺利到达目的地。

当生气的时候，有觉察力的人会立马发现自己有了情绪，然后去调整自己的状态，分析自己生气的原因和背后的需求。而没有觉察力的人被负面情绪裹挟，把怒火发泄在周围的人身上。这就是两者的区别。

那么，到底什么是觉察呢？觉察是一种对于自身状态的敏锐捕捉。人的认知有四个境界：

（1）不知道自己不知道，狂妄自大，以为自己什么都懂，其实并不懂。

（2）知道自己不知道，对未知充满了敬畏之心，准备充实自己的知识库。

（3）知道自己知道，抓住了事物的客观规律，提升自己的认知。

（4）不知道自己知道，敬畏谦卑，无知胜有知，是认知的最高境界。

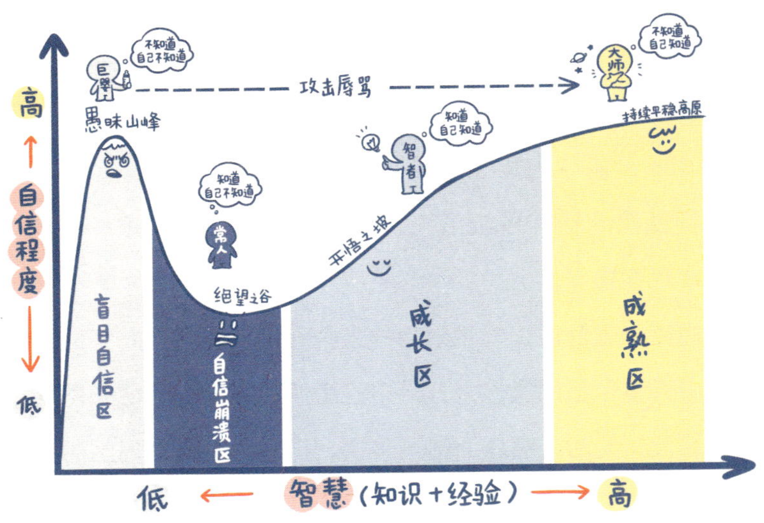

▲ 图 6-2　邓宁—克鲁格效应

邓宁—克鲁格效应中的“愚昧山峰”，是一种认知偏差现象，是指能力欠缺的人在自己欠考虑的基础上得出错误结论，无法正确认识自身的不足而辨别错误的行为。

当你提升自己的觉察力，就是把自己从“不知道自己不知道”的状态里拉出来，进入到下一个认知层级里。你的觉察力越强，你就越能从“不知不觉”，到达“先知先觉”。那么我们该如何来提升自己的觉察力呢？

觉察身体

身体是心灵的镜子，它是灵魂的居所。我们小时候都会有这样的经历：父母心情不好时，我们不用和他们直接沟通和交流就能感受到，更多时候是我们的身体感受到了对方的“场”，也就是我们在用自己的身体聆听。

现在，请你站起来，走几步，然后停下来，你来问问自己，刚刚走路的时候是否感觉到自己的脚指头。

我相信大部分的伙伴都是没有感觉的，对脚指头是没有觉察的。现在我再次邀请你，带着对脚指头的觉察，再走几步试试看，这一次，你感受到它们了吗？

你可以先从你不舒服的地方开始觉察，去摸摸它、对它说说话，不带有任何的分析和想象，感受它会对你说什么。比如，胃疼时，就安静下来好好去觉察胃部的疼痛，不去对抗这种疼痛，这样的觉察可以缓解疼痛感。

每天花十几分钟来“扫描”自己的身体，从头到脚，或从脚到头，越细致越好。很多时候，身体只有不舒服的时候，我们才会给予关注，否则我们只“听信”于头脑。但是，我们的头脑常常会欺骗自己，而身体不会骗我们，因为它是诚实的。

除此之外，还可以跳跳舞，打开动感的音乐，对着镜子自由舞动，看见自己曼妙的身姿，你对它们的觉察能力也会增强，而且我敢保证，你一定会爱上镜子里的自己！

身体是记账本，记录了我们一生的经历。

觉察情绪

情绪对于大多数人来说，是第二个好觉察的对象。你会知道自己是高兴，还是难过。为什么要去觉察情绪呢？因为情绪是连接我们内心的桥梁。当你明白你的情绪为何而起，你就能够更加了解自己。

那么，我们该如何觉察自己的情绪呢？

推荐大家先从开心的情绪、积极的情绪开始，因为这个时候你的能量是充足的，你去觉察，你能调动自己。每次你开心的时候，就问自己：我为什么开心，有哪些原因呢？慢慢地，你就会有一张开心清单，做哪些事会让你处于好的状态。这是超级宝贵的，因为如果能够总是做开心的事，就可以保持创造力了。

而且，当你知道了自己的开心清单，你想要从糟糕的状态里调整出来也会更加容易。比如说我要调整自己，就会去插花、听一段动感音乐，或者去散散步，这些都是我的调频方法。

我有一个学员，她每次调频的方法是旅行，当她感受到自己能量低了，就去周边住一天。她还喜欢给爸妈打电话，打一个 5 分钟的电话，可以充电一整天。

看到这里，我邀请你停下来，把自己的开心清单写下来。

请写下你的开心清单。

接下来我们来看觉察负面的情绪。当你处在低谷的时刻，状态是糟糕的，能量是低的，这时候，不要着急出来，不要急于批评自己，而是和这些情绪待在一起，去感受它，感受它在你身体的哪个位置，它是多大的，它是什么形状的，它想对你说什么。

所有的情绪都是有用的，都是在启发你，或是在提醒你：其实你特别在意某个人；其实你很重视某一件事的成败；其实你该行动了。**愤怒与开心同样重要，拒绝与接受同样有意义。如果没有愤怒，别人不会知道是否触及了你的底线；如果不能拒绝，别人不会知道是否突破了你的边界。伪装成没有恨、没有脾气、什么都没关系的人，最后也没有了爱，没有了个性，没有了自己。**

情绪背后或许还隐藏着某个限制你的信念，你需要去看见它们。我有一个学员，她创业之后，没办法让自己休息，一休息她就非常焦虑，甚至常常一整天不吃不喝地工作。当我深度地和她交流后，发现她有一个阻力信念，那就是赚钱很辛苦，如果很轻松就赚不到钱了。当她觉察到这个信念后，她发现自己一直在这个模式里循环，于是她勇敢地去打破它：主动休息，放松自己，反而状态越来越好。她最终发现，赚钱并不是辛苦的，做喜欢又擅长的事可以开心轻松地赚到钱。

烦恼即菩提。觉察是自我疗愈与成长的第一步，通过自我觉察，就可以将烦恼转菩提。我还有一位朋友，有一次被客户狠狠地骂了一个半小时，被骂到怀疑人生，被骂到轻度抑郁，整整三个月她都沉浸在痛苦的沼泽里。她一开始是无明的，被痛苦裹挟着，不断自我攻击，觉得自己一无是处。后来，她意识到不能再这样下去，于是她勇敢地和自己的负面情绪对话。在那一刻，她顿悟了，那个破口大骂的客户是不对的，即便目的很重要，实现目的的过程中成为什么样的人更加重要。不能把别人当成工具人，不尊重别人。同时，她也意识到自己要提高实力，筛选靠近自己的人，坚决拒绝不同频的人。就这样，她在一摊烂泥里悟出了一朵金莲花。

一切痛苦，都是包装丑陋的礼物。觉察、接纳、看见，你就能从痛苦中汲取养分。

觉察念头

念头是觉察的第三个对象，也是最难的一个。因为我们常常会有许多的念头冒出来。为什么要去觉察念头呢？因为念头掌控着我们的大脑，发生一件事，你为啥会产生情绪呢？因为念头会对事件做解释，不同的解释引发不同的情绪。所以说念头很重要。

如果发生一件事，你总是产生负面的念头，那么随之而来的就会是负面情绪；如果你可以正面思维、产生积极的念头，那么你就总能心情愉悦。

我们该怎么觉察自己的念头呢？

当你产生不舒服的情绪时，可以顺着情绪走，问自己：这个情绪背后的念头是什么？比如你现在很担心，那么你为什么担心呢？你在担心什么呢？顺着情绪找到念头，找到后，问自己：这是真的吗？多问几遍，你就会发现很多念头都经不起推敲，一问就不攻自破。

不悲不喜的时候，该怎么觉察念头呢？你可以通过练习正念来进行，当你处在过去的回忆或者对未来的恐惧中时，你就没有在当下，这个时候，你需要觉察到自己，然后把自己拉到当下来。当你越来越能够安住在当下，你就会远离恐惧、担忧、焦虑等负面情绪了。

一个人是否可以幸福地生活，取决于是否可以真实地面对自己。觉察身体、觉察情绪和觉察念头是我们真实地打开自己、了解自己的路径，也是自我疗愈、自我成长的第一步。

第 27 篇

带着功利心学习，效果翻倍

勤学如春起之苗，不见其增日有所长。辍学如磨刀之石，不见其损日有所亏。

—— 陶渊明

你有没有遇到过这样的小伙伴呢？遇到一门好课，立马付费绝不手软。一年下来，几十万的学费花进去了，然而他的生活没有特别大的变化。你有没有遇到过这样的小伙伴呢？越是报课学习，越是内心匮乏，越是觉得自己这不行那不行。其实他们需要的不是学习，而是通过学习来弥补自己那颗匮乏的心。

学习能力是一项底层能力，因为你所处的时代日新月异，要跟上时代的步伐，要遇见更高版本的自己，你需要有强大的学习力。针对这样的情况，我有一个特别好的方法分享给你，就是带着功利心学习。

什么是带着功利心学习？它有几个维度：

第一个维度是选课时要有功利心。我为什么要报这个课？是为了优惠，是为了缓解焦虑，还是为了掌握一门技术？切忌因为这个课便宜，自己也正好有时间，就去报课，你的时间很宝贵，应该用在有需要的地方。需求是最好的老师，根据自己当下的需求来报名课程，是最明智的选择。

第二个维度是上课时要有功利心。有一些伙伴报名一时爽，上课“火葬场”。上课时带着随便混混、随便听听的心态，反正也没有人来考我学得怎么样，这样的心态是很不对的。因为我们每个人都要对自己百分百负责，既然报名了，就好好学。除非这个课很差劲，不值得投入时间。

带着功利心学习的五大好处

第一个：学习能分享

学一门课，里面一定有新知。比如一个心理学的实验，一个新的概念，一些新的做法等。吸收知识最好的办法是好好听课，做好笔记，整理分享。我通常会听课听两遍，第一遍全面听，大概过一遍，第二遍边听边记，做笔记，然后去分享。

记好笔记之后，为什么要去分享呢？因为分享的过程，可以帮助你检测自己的掌握程度，让你更好地消化内容。我们倡导的学习，不是单纯地大量输入，而是在输入之后，能用自己的话把知识再重新表达一遍。罗振宇把这个学习过程叫“缝合”，就像用针线缝扣子一样，把新知识接到原有的知识结构中，只有当新知识接进你原有的知识网中，才能从知识脂肪变成知识肌肉，真正为你所用。

所以说你昨天学的内容，今天可以在朋友圈、社群、直播间里讲一讲，也可以和家人、朋友、同事们聊一聊，你会消化吸收得特别快！分享的时间越早越好，趁热打铁。德国心理学家艾宾浩斯使用无意义音节做记忆研究发现，遗忘在学习之后立即开始，而且遗忘的进程并不是均匀的，最初遗忘速度很快，之后逐渐缓慢。所以说，要在彻底遗忘前通过分享把重点知识内化成自己的。

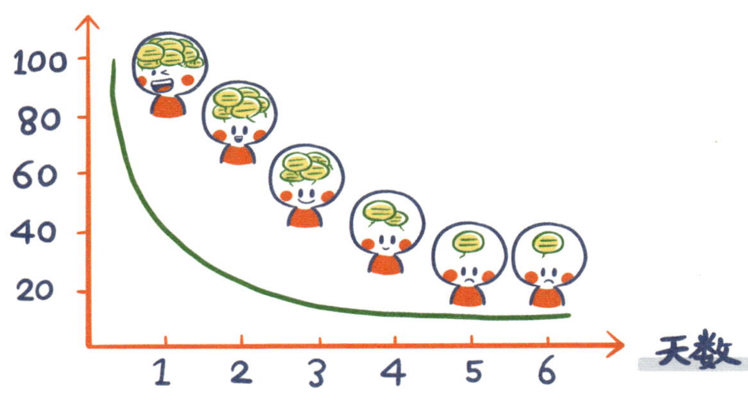

▲ 图 6-3　艾宾浩斯的遗忘曲线

第二个：学习能实践

现在很多课程都是工具类课程，如果你想提升一个技能或者解决某类问题，相应的课程里都会有方法给到你。当你见到这个方法时，先不要排斥，大胆尝试，试了才知道是否适合自己。我在学时间管理的课程时，里面就有非常多的方法，我一个一个地去试，很有意思，在实践中提高了自己对于时间的掌控，而且也帮助许多学员提高了工作效率。

老师在教课的过程中，最害怕遇到的学生就是“道理我都懂，但我就是不行动”这一类型的。学习了，但不行动，就好比是你学习游泳，但就是不肯下水一样，是无法真正学会游泳的。只有勇敢地实践起来，躬身入局，才能真正掌握一项本领。我非常欣赏这样的人，学一招用一招，用一招精一招，非常踏实靠谱。

第三个：学习能连接人脉

经常有小伙伴向我倾诉，说自己身边没有聊得来的朋友，怎么样让自己的朋友变多，怎么样结交到贵人？付费学习是最好的一条路。

首先，大家能够在同一个付费社群里，说明大家有类似的目标，是同频的伙伴，所以同学之间可以互帮互助。有的小伙伴很擅长社交，一期课程下来，交到了好多新朋友。她们是怎么做到的呢？分享笔记、邀请连麦、为别人鼓掌……只要你有这个心，你一定可以做得到。

其次，好好连接你的老师。大家一定要摆脱小时候对老师的恐惧，不要躲着老师，更不要不让老师看见自己。而要主动去和老师连接，给老师支持，为老师宣传，向老师表达感谢，向老师请教问题，一番动作下来，你一定会有不一样的收获。

我认识一个“90后”女孩，她是三线城市里的一个小文员，可是，她通过付费学习，连接老师，开启副业，三年内做到了年薪百万，全球旅行办公。她连接老师的本领非常高明：我们报喜一般就是群里发个红包，感谢老师，而她报喜则是穿着少数民族的服装，在西藏的雪山下专门录制视频，发进群里感谢老师；我们参加老师的活动，就是跟着拍拍照，发个朋友圈结束了，而她则是盛装出席，带着摄影师给老师拍照拍视频，精心剪辑做好了发给老师。

如果你是她的老师，你会不会帮她？会不会把更多的资源给到她呢？答案是肯定的。所以，如果你遇到很认可的老师，一定要好好连接，想一想自己可以为对方做什么。

第四个：学习能优化自己的系统

什么是自己的系统？它包含价值观、商业逻辑、商业布局等。当我上一门课时，我首先会看这个老师的价值观怎么样，是否和自己同频。价值观是很底层的东西，一般很稳定。比如我的价值观是创造、有效、有趣、允许、利他。你会遇到很多老师，那些吸引你的，你们一定有相同的价值观。然后可以看他的商业模式、产品分布，他的学生从哪里来，他是用什么在做宣传，他的产品有没有效果等。

我给你拆解某个知识博主的商业打法。创始人先自己直播，积累经验。接着推出课程，严格筛选学员，前两期都是要经过面试才可以报名。这波操作为之后的爆发奠定了质的基础。为什么？因为前 40 个人都是精心挑选的，在行业内干了三年以上的，很快就能出成绩。最后，依靠首批学员的成绩和口碑，卖爆这款产品。

在这个过程中，我学到了什么？

（1）选学员：高端学员很关键，容易出成果，筛选大于教育。

（2）拿结果：帮助学员拿到结果，是最有力量的广告语。

（3）课程好：集中精力专注打磨一门课程，口碑始终在线。

第五个：学习能明志

在跟随一位老师学习时，除了专业、商业以外，还能学什么呢？还可以学习老师的志向。有很多人是没有自己的人生大志的，这个时候怎么办呢？可以先追随一个你认可的老师，追随他的志向。孔子的三千弟子们，他们就是在追随孔子，帮助孔子传播他的思想，所以孔子的弟子们整理出来了《论语》。

当你学的过程中，你见到了高人，你发现还有这样的人生活法，你看到有人愿力如此强烈，这些都会引发你对灵魂的拷问：我到底想要过怎样的人生，我到底要达到怎样的高度？

我很欣赏博恩·崔西，他的知识面极广，又深入研究了多个领域，他写出了许多的经典作品，他是我的榜样，成为多产且深刻的思想家是我的志向。

功利心本身并不是不好的，而是要用在正确的地方。很多人做事情带着功利心，反而得不到好的结果。很多人对学习没有功利心，不设定目标和意图，最终竹篮打水一场空。要知道这个世界上最需要带着功利心的就是学习了。终身学习，已经不是一个人的优点，而是这个时代的标配，希望每个人都带着功利心学习。

第 28 篇

教练式提问：飞速成长的核武器

提出正确的问题，往往等于解决了问题的大半。

——海森堡

什么是教练式提问？它是一种工具，帮助你运用教练的方式，向自己提出问题，从而启发自己。教练式提问可以帮助你走出迷雾，看清未来的方向；教练式提问可以引发你进行更深层次的思考，提前预设可能出现的困难；教练式提问能唤醒你内在的巨人，因为你会为自己的人生做出最佳选择。

苹果创始人乔布斯曾说："我愿意用我所有的科技去换取和苏格拉底相处的一个下午。"乔布斯以苏格拉底为师，究竟想学到什么呢？热心网友是这样解读的。

乔布斯想学到的是：

（1）最好的导师不是告知答案，而是向人提问。

（2）教育不是灌输，而是点燃火焰。

（3）人人身上都有太阳，关键是让他发光。

苏格拉底从来不强迫别人相信自己的判断，而总是引导别人说出自己的心声。他把这种方法称之为精神的“助产术”，即助产士只能支持孕妇生孩子，而不能代替她生孩子。

有效的提问可以带给谈话者洞察力，从而激发好奇心，而好奇心又会培养智慧。高质量的问题，有多重要呢？如果提问的目的是得到信息，那么你得到的只能是答案或事实；如果提问的目的是探寻本质，那么你就能释放一系列潜力，这就是它奏效的方法。提问反映了思维的质量，能引领你到更高的维度，用提问的方式点燃你内心的火苗。

教练式提问的原则是开放式问题，同时问题指向正面。开放式问题可以引导你看到更多的可能性。指向正面可以让你朝着积极的一面去想，而不是陷入消极情绪里。

▲ 图 6-4　如何使用教练式提问

如何使用教练式提问呢？

方法一：假设性问题

① 假如今天是你生命的最后一天，你会怎么度过？

在每天清晨问这个问题，问完后，你会更加珍惜醒来的每一天，更加感恩现在的生活，更有动力去追求内心所想。我有一个朋友，她的答案是：我会给后人写一封信，我会好好陪伴家人，还会做慈善。想到这里，她的一些烦恼就不翼而飞了，把自己的心安住在最重要的事情上。

② 假如你现在财富自由了，你最想做什么？

我的答案是，我要当个旅行作家，所以我一边环球旅行，一边创作。我想告诉你的是，无论你的答案是什么，现在就去做。

为什么这类问题可以有效启发你，因为它在帮助你突破限制，帮助你转换思维的框架。其实做自己重要的事情并不需要那么多的条件和门槛，与其坐而想之，不如起而行之。这两个问题常问常新，可以不断理清自己。

方法二：以终为始，问指向未来的问题

① 你希望新的一年做成哪几件事？

② 下一个月你最想要达成的目标是什么？

③ 要实现月度目标，你可以先从哪些地方做起？

这类问题都是对目标的探索，我们可以常常来问自己、问学员。目标清晰后，连续地追问会让行动更加明确。每次我带着私教做月度计划时，都会提醒学员，你的目标是什么，从哪里开始，怎么做到。梳理完，他们的行动计划会非常清晰，不再犹豫纠结。每个月我会和先生一起梳理家庭目标，有共同完成的事，也有各自要干的事，这样才能目标一致，分工明确。

方法三：针对已经发生的事件来问

① 面对过去的成功，我学到了什么？我是怎么做到的？

② 面对过去的失败，我学到了什么？上天要送给我什么礼物？我还可以做什么？

③ 面对过去一连串的成绩，我有什么天赋吗？

④ 面对过去的自己，我会对他说什么？

在面对过去的时候，有很多人喜欢批评自己，抱怨他人，这就起不到进步作用，过去就白白浪费了。而当你带着成长的心态向自己或者学员提问时，过去的一切皆优势，过去的一切皆教材。

我有一个同学给小时候的自己写过这样一段话：我的宝贝，我一直在你身边，我会永远爱你，我的女孩。当她写下这段话时，她泪流满面，因为在这些文字里，她和小时候的自己相遇，她发现自己并不孤单，有一个人一直在无条件地爱着她，那就是——她自己！

方法四：针对情绪提问

为什么要问情绪呢？因为情绪是连接我们内心的桥梁，是我们行动的动力源泉。怎么问呢？很简单。比如：

① 你现在感觉怎么样？

② 你感到开心的点是什么？

③ 你不舒服的地方是哪里？

④ 为什么会开心？为什么会不高兴？

⑤ 怎么做才可以开心？

围绕着情绪来提问，找到情绪的源头，找到保持或者调整情绪的做法。

有一次，我参加一门线下课程，有一个环节是一位同学的拜师仪式，当我看见她缓缓地走向自己的老师时，不禁流下了眼泪。事后我询问自己，为什么会流泪，是什么在触动着我？经过细细地琢磨后，我发现是她和老师相识了六年，共同陪伴了六年，双向奔赴这个点触动了我。根据这条线索，我发现自己内心深处是非常珍视这样的美好情感的。怪不得我常常会说，已经陪伴了先生多少年，原来，时间在我心里就是爱的一种证明。

针对情绪提问，会让你更了解自己，我们这一生都在探寻：我是谁。我们对于自己的认识是远远不够的，需要用一辈子来探索。

方法五：关于方法论进行提问

① 当我们做成一件事的时候，可以问自己：我是怎么

做到的？

② 当我们看到别人成功的时候，可以问，他是怎么做到的？

如果你看到别人成功，第一时间想的是，这不可能吧，那大概率就会失去学习的好机会。当你聚焦在学习他人成长的路径时，你就在成长了。

在辅导学员的过程中，我常常遇到一种情况，学员会苦恼自己没有什么可以教给别人的。每每此时，我都要哈哈大笑，我说，你这么优秀，已经在地球上生活了这么多年，怎么可能没有可教的。于是，我带着他从小时候开始，一个阶段一个阶段梳理自己有哪些成功的事件，自己是怎么做到的。每个人梳理完，都非常惊喜，十分佩服自己，开心极了！

其实我们每个人都是一个大宝藏，只是你不自知而已。我强烈推荐你找一个时间，拿出一张白纸，从小时候开始，回忆你的重要成就、成功品质，把它记录下来。

表 6-1 自我成绩表

年龄	重要成就	成功品质

续表

年龄	重要成就	成功品质

当你写完，你就会发现自己有很多良好的品质，正是这些品质成就了现在的你。相信此刻的你，一定对自己很有信心！同时也问自己，我是怎么做到的呢，我能否把方法论提炼出来？

我们知道了怎么提问，接下来看看怎么锻炼自己的提问能力，有这样几个路径：

（1）看访谈节目

看看主持人是怎么提问的。看直播连麦，学习高手老师是怎么提问的。

（2）向自己提问

平时有意识地向自己提问，自问自答。可以用文章或者直播来倒逼输出。

（3）和别人互动时，刻意要求自己去向对方提问

如在上课时，积极向老师提问。

（4）多做咨询或教练

这里面包含着大量的提问。当你问题问多了，你提问的水平也会越来越高。

如果我们缺乏独立思考和判断的能力，就只能照单全收地接受别人兜售的观点，那样就失去了一个独立个体存在的意义和价值。医生诊断得再精准，也无法替我们救急，依靠自己的大脑思考，依靠自我提问，才能保证自己，不会自欺欺人和人云亦云。一切好的答案，都在好问题里，掌握教练式提问，你的人生终将飞跃！

第 29 篇

复盘：跃迁的必备秘籍

复盘至关重要，通过复盘总结经验教训，尤其是失败的事情，要认真，不给自己留任何情面地把这个事想清楚，把事情想明白，然后就可以谋定而后动了。

——柳传志

复盘，是从围棋中借来的一个术语。围棋中复盘的本义是，当我们下完一盘棋之后，要重新在棋盘上走一遍，看看哪些子下得好，哪些子下得不好，哪些地方可以有不同甚至是更好的下法等。

我在高中时期，有一次参加游泳接力赛，那次比赛至今令我印象深刻。一开始我们队和其他队伍不相上下，比赛非常激烈，难分胜负。然而到了第三棒时，我的队友跳下水后，她把头埋进了水里，然后开始划起来，她非常卖力，却一直在原地打转。我是第四棒，我在岸边非常着急，连忙大声喊：“快把头抬起来！快把头抬起来！”过了很久很久，估计是她划累了，终于抬起了头，发现了自己的问题。当其他队伍的第四棒游回来的时候，我才刚刚跳下水。比赛结束了，此生难忘。

复盘就像游泳的时候，把头抬起来一样，看看自己现在是什么情况，距离目标有多远。看看自己一路是怎么走来的，有什么好的经验可以复制。生活中常常暗流汹涌，如果你不主动抬头看路，就会像那个同学一样原地打转，甚至走上错误的道路。

我们都知道复盘的重要性，然而有很多人一提到复盘，就很痛苦，根本不想做，即使做也是被领导压着做的。为什么会这样？因为用错了方法。我在职场的时候，带领几百人的团队，也常常要复盘，我发现大家的复盘水平参差不齐，所以我专门读了复盘的书，上了复盘引导师的课程，学习后效果显著，不仅自己的复盘水平提高了，也教会了团队成员。我记得大家用新的复盘方法复盘后，都喜笑颜开，特别兴奋，跃跃欲试，就想赶快大干一场！

这样的复盘效果你想要吗？好，我要先来说明，为什么要复盘。

（1）复盘让我们看到自己跟目标的距离，可以让我们校准自己的方向是否偏离。

（2）复盘可以让我们看到自己的成功点，做对了哪些动作，提炼出方法论。

（3）复盘可以为我们赋能，为已有的成果喝彩鼓掌，自我肯定。信心比黄金更贵。

（4）复盘可以让我们做好沉淀工作，方便自己下次做，也可以分享给他人，提高工作效率。

（5）复盘促使我们深度思考，让我们的学习路径变短，提高学习效率。

（6）复盘可以给参与的其他人以反馈，让别人知道你的真实想法。比如你是学生，复盘了课堂收获，老师会开心。你是领导，复盘了项目优点，员工会有成就感。

那么该怎么复盘呢？我按照不同的场景来给你拆解。

第一类：学习复盘

对于爱学习的伙伴来说，看书、上课是常事，那么该怎样提高学习的效率呢？那就是勤复盘！复盘步骤如下：

第一步：看看老师在讲什么。听课看书，做笔记，先弄清楚知识是什么。

第二步：想想我有什么收获。梳理自己的收获点、思考点。

第三步：思考我可以怎么做，建立行动清单。我要怎么运用方法，我要怎么改进自己，找到行动点。

当你在复盘的时候，你比只是默默听课的学员强多了，你的思考会更加深入，你的行动会更加迅速。因为你复盘了，你给了老师一个超级好的正反馈，所有的老师都希望自己的课程对学员有帮助。

第二类：个人项目的复盘

当你行动了，当你完成了一个项目，当你做成了一件事，该怎么复盘呢？

首先，你要有一个心态，那就是成长的心态。只要行动起来了，就会有收获，不是学到，就是赚到。无论做好，还是做不好，都是一种反馈，都会让你有所得。当你有这样的心态时，你就敢于面对一切，不论是好还是不好。你会更加坦然和如实地面对现状。

我记得第一次举办线下活动时，我在论坛上发起活动，结果只有 9 个人报名，比我预期的要差很远。我没有批评自己，而是积极找原因，发现是我的活动意义塑造得不够强，导致大家没有引起重视。于是，我赶紧查阅文献，翻找资料，专门为这个活动写了一篇新的帖子来告诉大家这个活动主题是多么的重要，将会对孩子之后的学习生涯产生多么重大的影响。这篇帖子发出去后，立马有 72 个人报名参加，而且我的帖子也在论坛火了，之后一直被转载，我还成了论坛优秀之星。

当你抱着成长的心态去看待自己做的事，你就和自己保持了距离，你能站在事情本身去优化迭代，去总结提炼。

其次，复盘的时候，一定要优先看做得好的地方！成功是成功之母！为什么要看做得好的地方呢？

因为你可以通过找到做得好的地方，复盘成功的路径，你可以提炼出方法，然后下次复制它。很多人有个误区，觉得要去批判自己，要去看不足，这里面的逻辑是有问题的。为什么？因为你看自己做得不好的地方，以为把这个做了就会成功，这是一种假设！是虚幻的，不是真实的。这里，你本质上是拿自己的做法和别人的做法做对比，然后说自己不行。但是，你怎么能知道别人成功的路径呢？真的是你看的那样吗？很多时候，我们看别人的成功，只能看到表层，看到术的层面，看不到道，看不到本质。

我以前就职的单位，外行人以为成功的要素是家长旁听制度、随时退费制度和完备的课程体系。但是创始人却说，我们成功的关键是创造性思维、互联网思维和用户思维。你看，这就是术与道的区别。所以，你要学习别人的成功，一定要去问问他本人，因为他自己最清楚。

那么，同样的道理，你的成功谁最清楚呢？一定是你自己。所以，如果我们换个思路，直接从自己的成功入手，去总结自己的成功，那么你的进步速度就会非常快了！你也会更加乐意去做复盘，因为每次复盘都是一次强烈的自我肯定。

我有一位朋友，在大二的时候就开始准备考研，她把寝室里贴满了计划，非常自律地去图书馆自习，最后她成功地从一个二本院校考上了研究生。当她考上后，她却遭遇了巨大的打击，因为她的爸爸对她说："你不能去看成绩，考上了是你的侥幸。"她听从了爸爸的话，不允许自己去看自己的成功，不敢去复盘自己是怎么考上的，甚至她得出一个结论：偶然的成功比失败更可怕。这让她在之后的十几年间，都在自我批评中，发展停滞。其实，大学时期的她，是多么有前瞻性，有计划性，有执行力啊。

当一个人不敢面对自己的成功，看不到自己做得好的地方，他就失去了认清自我、赋能自我的大好时机。我呼吁所有看到这本书的你，一定要狠狠地看见自己，看到自己有哪些进步，自己有哪些做得不错的地方，狠狠地表扬自己，狠狠地抱持自己！

最后，一个项目做完，可以反复复盘，尤其是做成的项目。和你的伙伴反复讨论你为什么可以做成，你每次都会有新的发现。反复复盘不仅给你信心、给你赋能，也能在一次又一次复盘中让你看见事情的全貌。很多人是忽略这一点的，往往只复盘一次就结束了，非常可惜。

在环游中国的路上，我和先生反复复盘我们可以成功出游的关键点，每复盘一次就有新的体悟，而且越复盘感情越好，在一次又一次地自我强化中，我们一致决定来一个更大的挑战——环游世界。

大成功是由小成功组成的，一个又一个的小成功是你迈向大成功的底气。

第三类：团队复盘

当你带着别人一起干活，一起打胜仗时，一起遭遇困难时，该如何复盘呢？这是每个团队管理者都需要掌握的技能。

首先，我们要带领团队来做感恩和看见的练习。通过感恩，提升大家的能量。通过看见，让每一分付出都有反馈。

接着讲优点，引导大家说出我们做对了什么。做对了什么，远远比没做什么来得重要。做对的事情可以反复做，复制下来。

然后是重大事故。比如出现了较大的失误，出现安全问题。这种比较重大的问题，就需要花时间来讨论如何改进，如何避免。如果没有重大事故，这个环节可以跳过，不用揪着小细节不放手，优雅放过。

最后一步，拆解目标。这次活动结束，我们距离目标还有多远，接下来要做什么，继续前进！工作十几年后，我的前同事还在感叹："每次跟朱朱开完会，都是清晰又充满能量的，感恩有你。"

任正非、俞敏洪、巴菲特、扎克伯格等古今中外但凡有所成就的人，都是复盘的高手！欢迎你，高手！

第 30 篇

解决问题的能力：升级通关的密码

没有任何权宜之计，可以让人逃避真正的劳动——思考。

——爱迪生

人生是一个不断遇到问题、解决问题的过程，是不断打怪升级的历程。人生是一段旅程，就像开着一辆车往前走，当遇到车坏的情况，你要停下来修一修，这个修车的动作就是解决问题的动作。如果没有修车的能力，车坏了就寸步难行。

我在一次飞往欧洲的路上，遇到了无数个问题，非常有意思。当时我和先生一起出门，刚把门关上，就发现钥匙和护照被锁在家里了。没有护照，我们的旅行就泡汤了，必须打开房门，拿到护照。而当时时间非常紧急，因为要赶一早的飞机。这时候，如果是你，你会怎么办呢？我们立马想出了几个方案。

方案一：打电话找开锁公司，撬开。

方案二：敲邻居家门，爬阳台翻过去。

方案三：让我公公打车把我家钥匙送过来，我们在早高峰打车去机场。

方案四：我先生打车去公婆家取钥匙，再回来开门，打同趟车去机场。

最后执行的是第四个方案，我们非常迅速地完成了一系列动作，并在车上完成了复盘，那就是以后两个人出门，都带好钥匙。当你遇到问题的时候，不要慌张，也不要抱怨，没什么大不了的，因为问题都是礼物。

当我们遇到问题后，不是立马解决问题，而是先要判断这个问题属于哪种类型。

第一种类型：不需要解决的问题。

第二种类型：无法解决的问题。

第三种类型：需要解决的问题。

第一种不需要解决的问题和第二种无法解决的问题，通常是这个问题根本就与你无关，其实是别人的课题。比如一位妻子说："我觉得我老公睡得太晚了，这样伤身体，我该怎样解决这个问题呢？”我的回答是：“这是谁的事？”人生三件事：老天的事、别人的事、自己的事。老天的事要臣服，别人的事要尊重，自己的事要全力以赴。

我们这篇讨论的是第三种类型，需要你来解决的问题，那遇到问题了，我们该怎么做呢？

首先，要有负责任的态度。

出现问题，谁都不希望发生，但是已经出现了。这个时候，需要有人扛起责任来，敢于承担后果。如果没有负责任的态度，而是想着把过错推给别人，就会陷入不必要的人际纠葛中，也无法集中精力来想办法解决。

有一次我做活动，当时要打印几百本彩色的分析报告给家长，因为那个报告的表格函数公式是我现学现设置的，之前没有跑通过，再加上印刷时间非常急，结果设置错了一个位置，导致所有的报告全部打印错误。当我听到这个消息时，头晕目眩，如果重新走印刷流程肯定来不及了，而且已经造成的损失怎么办？但我冷静下来想想，这就是我一个人的责任，是我的问题。于是，我勇敢地承担起了责任。连夜找高手学习，重新设置参数跑数据，再联系多家打印店加急打印，我的家人帮我把新版报告送到校区，几万元的打印费我一人承担。这件事让我学会了三个点：第一，要勇于承担责任，担起责任后就没什么可怕的。第二，越着急越要慢下来，做决策时不能急。第三，在大规模推广前，要小范围做样品试验。

其次，心态上要保持情绪稳定。

有问题是常态，没问题才很奇怪。问题是锻炼自己的好机会。遇到问题，产生情绪是正常的，情绪是在提醒你在意什么，是送信的邮差。但如果你陷入情绪，就会绕远路，就像接到信后，跟信差打架一般。

非洲大草原上生活着一种善于奔跑的野马和野马的死敌——吸血蝙蝠。蝙蝠靠吸食动物的血活着，野马是他们的首选目标，许多健壮的野马因此丧命。但科学研究的结果却让人难以置信：蝙蝠所吸的血量并不致死，野马真正的死因，来自自身的暴怒。在被蝙蝠咬住吸血时，大多数野马“急火攻心”，因急于摆脱蝙蝠而不断狂奔，最终疲劳致死。

怒火是无能的表现，解决不了任何问题，反而会烧毁别人对你的信任和喜爱。越是成熟的人，情绪越平稳，因为见过了风浪。越是不成熟的人，情绪越不稳定，因为他的世界太小。当一个人被情绪控制时，人就变小了，问题就大了。反过来，**当一个人能控制自己的情绪，运用情绪的力量，人就变大了，问题就小了。**

最后，要有解决问题的方法策略。这里分享三种策略，这三种策略可以覆盖你大部分的问题。

策略一：第一性原理

有一次，跳水皇后郭晶晶和丈夫霍启刚一起去参加竞速类节目，当天两人换完衣服，赶往下一个地点。霍启刚忽然发现手上的钻戒不见了，立马惊讶地说道："哎呀，完了。"郭晶晶看向霍启刚问："怎么了？"霍启刚伸出五指说："戒指掉了。"原来霍启刚换衣服的时候，把钻戒放到了脱掉的裤子口袋里，忘记拿出来了。虽然霍启刚对戒指价值多少钱不在意，但这是他们结婚三周年时郭晶晶送的礼物，对他来说意义非凡。霍启刚为自己的粗心感到很内疚，不停地向郭晶晶道歉。"对不起，晶晶，我太粗心了！"又连忙问司机，"我们能不能返回去啊？我掉了东西。"如果现在返回去拿戒指，再去下一个场地，时间肯定不够了，这也意味着他们夫妇主动放弃挑战，在这次游戏中失败了。郭晶晶看着手足无措的霍启刚，淡定地说："老公，要不这样吧，我们到了目的地，让司机再返回去找戒指，怎么样？"霍启刚听了立马冷静了下来。郭晶晶笑着说："戒指已经不见了，着急也不是办法，送的人还在呢，以后我再送你一个。"霍启刚看着妻子玩笑似的安慰，幸福地笑了。

在这个故事中，你会看到郭晶晶的冷静，更会发现其实她用的方法就是第一性原理。第一性原理的思维本质就是回归事物最基本的条件，将其拆分成各要素进行解构分析，从而找到实现目标最优路径的方法。找到戒指，拆分成动作是有人回去找到它，不一定是自己过去。如果戒指丢了，想要再有一个，回到源头，那就是再买一个。

策略二：第三法

什么是第三法呢？这种方法适用于两个人有矛盾冲突的时候，要寻找到一个全新的方法来解决问题。

先来讲个小故事，我和先生有一段时间因为一支牙膏吵架，因为我喜欢在洗澡的时候刷牙，牙膏就跟着我进了浴室。等到他用的时候，他需要从浴室里把牙膏拿出来使用，每次他拿的时候，都会责怪我，为什么不把牙膏放回原地。而他呢，喜欢在厨房刷牙，牙膏跟着他留在了厨房，等我要用的时候，我需要去厨房寻找，特别麻烦。这件芝麻点的小事，引发过多次小矛盾。后来，我们学习到了第三法，使用后，问题彻底解决了！是怎么做的呢？

首先，明白彼此的需要是什么。原来，我们都希望牙膏固定在自己的杯子里，不用到处找它。这是我们双方共识的需要。接着，找到共赢。有什么方法可以让我们两个人的杯子里同时都有牙膏呢？那不是很简单吗？多买几支牙膏不就好了！最后，推进执行。我们买了两大箱牙膏，每人杯子里放了两支牙膏，彻底牙膏自由了。这就是第三法，非常简单好操作。

策略三：向高手请教

当你遇到的问题超过了自己的能力范畴时，怎么办呢？这个时候需要向高手请教。第一次当父母，没有经验，那就报课向老师学习。第一次装修房子，担心被坑，那就向身边装修过的人请教。我们总是会遇到自己没做过的事，遇到各种没见过的问题，虚心求教是一个捷径。

尤其是当你和伴侣遇到谁也说服不了对方的问题，说明两个人是半斤八两，那这个时候就不要再浪费时间争论，伤害彼此的感情，应该直接去求教专家，这个专家可以是书，也可以是人。

解决问题需要完整的步骤，而这个思辨及决策的过程一旦养成习惯，你将拥有缜密、审慎的思想，伴着这种持续迭代的成长思维，你会发现，你能解决的实际问题将会越来越多，行为能力及应变能力也会稳步提升。你遇到的问题本身就是机遇，它让人提升解决问题的能力，也让人持续成长。愿我们每个人都成为解决问题的高手，逢山开路，遇水架桥。

后 记

AFTERWORDS

感谢生命之流带领我来到了这里，感恩你一路陪伴走到了这里。这本书写完，我在写作上有了更大的信心，更加热爱生命探索，更加热爱写作，更希望以后能够继续用文字来救赎自己，用文字来点亮他人。

此刻，我想感谢我的先生李嘉树，在我写书的过程中，他分享了自己的写书经验，给予了我爱的鼓励。当我停下来时，他会提醒我继续向前。因为他也是心理学专业的，我们也会就书中的主题进行深度探讨、交流，在我写书的整个过程中，他给了我很多启发和思考。感谢他从我们恋爱时期起，就全力支持我的写作梦想。

感谢我的写作教练晴山老师，她有十五年的出版经验，帮助了上千位“牛人”作者出版。在她的严格要求下，我才有了提炼模型的想法，正是因为有了它的加持，让这本书的整体水平上了一个台阶。这里面的每一篇文章她都进行了把关，她会给我反馈心得和建议，她是我的头号读者。她的正面反馈和专业建议让我信心满满地写了下去。

感谢我成长道路上的恩师，华东师范大学教授李晓文老师，能跟随她学习心理学是我的福报。李老师在十二年前告诉我，你有灵性，你有写作的天赋，你应该继续写下去。现在想来，老师的话是多么的正确。非常感恩我的导师带领我出版了第一本心理学童话作品《努努力险记》，这本书为我的写作生涯奠定了良好的开端！

感谢我的两位创业导师，Angie 张丹茹老师和剽悍一只猫老师，两位都是个人品牌领域的大咖。感谢 Angie 老师帮助我搭建产品矩阵,让我快速实现了一边线上创业一边旅行的梦想。感谢剽悍一只猫老师反复强调写作的重要性，我在他开办的线下写书营中认领了自己的写作天赋和使命。

我想要感谢我的学生们，没有他们我不会想到要写这本书。帮助他们成长得更好，帮助他们生活得更加幸福，是我不断突破和挑战自己的动力源泉。感谢他们给予我的信任，这本书里也有部分学员的故事，采用了化名的方式，谢谢他们提供的宝贵素材。

最后，祝福你，亲爱的读者朋友，平安顺遂，所有的梦想都能实现！